保险业在国家治理体系中的定位及发展研究

李江宁　殷晓松　主编

南开大学出版社

天　津

图书在版编目(CIP)数据

保险业在国家治理体系中的定位及发展研究 / 李江
宁,殷晓松主编. —天津:南开大学出版社,2016.12
ISBN 978-7-310-05302-5

Ⅰ.①保… Ⅱ.①李… ②殷… Ⅲ.①保险业－研究
－中国 Ⅳ.①F842

中国版本图书馆 CIP 数据核字(2016)第 307008 号

南开大学出版社出版发行

出版人:刘立松

地址:天津市南开区卫津路 94 号　　邮政编码:300071
营销部电话:(022)23508339　23500755
营销部传真:(022)23508542　　邮购部电话:(022)23502200

*

北京楠海印刷厂印刷
全国各地新华书店经销

*

2016 年 12 月第 1 版　　2016 年 12 月第 1 次印刷
230×160 毫米　16 开本　11.625 印张　2 插页　166 千字
定价:38.00 元

如遇图书印装质量问题,请与本社营销部联系调换,电话:(022)23507125

序

　　作为金融行业的支柱产业，保险业在社会经济发展中发挥着越来越重要的作用，在国家治理现代化的进程中也占据着重要地位。通过市场化的经营行为和管理机制，保险业可以在承接政府经济治理领域中的部分职能、完善社会保障体系、有效化解社会矛盾和纠纷、平稳释放和管理社会风险、维护金融行业和资本市场的稳定性和安全性等方面发挥应有作用。尤其是近年来，国家对保险行业更加重视，出台了"新国十条"、"税优健康险"等一系列的政策措施，鼓励保险行业快速健康发展。保险业在社会保障管理、社会风险管理、社会关系管理和社会信用管理等方面也一直发挥着重要作用，可以说保险业是完善国家治理体系的重要一环。现代国家治理体系包括经济、政治、文化、社会、生态文明和党建六个方面，国家治理能力是运用上述六方面制度管理各项事务的水平与绩效。从这一角度而言，保险业在经济治理、文化治理、社会治理和生态文明治理的进程中占有重要的、不可或缺的地位。

　　《保险业在国家治理体系中的定位及发展研究》是2014年度中国保监会部级重点研究课题，由时任德华安顾人寿保险有限公司董事长李江宁和总经理殷晓松任课题组组长。课题研究结题报告于2015年12月获得保监会评审通过。本书是在研究报告的基础上修改完成的。作者既有体制改革领域的专家，也有资深的保险学者，也有保险行业资深的管理人员。本书的主要创新是跳出保险看保险，从国家治理的最高层面看保险的定位。我们认为从国家治理的角度看，商业保险可以在很多领域发挥作用，但最重要的是在社会保障（养老保障和医疗保障）中的作用。本书的主要创新点有三个方面，一是明确商业保险和社会保险之间是竞争融合、共同发展的关系，商业保险应做好与社保竞争的准备；二是国家应建立商业保险机构承接政府职能转移作用的客观评价机制；三是国家和监管机构应鼓励发展自律维权型、研究教育型、纠纷调解型、公众服务型等保险行业组织。

本书具有以下三个特点：一是在内容上，既注重基本理论的研究，也注意吸收国内外国家治理和保险行业最新研究成果与应用技术，充分考虑我国保险行业近期的新发展，注意将最新的行业发展情况融合到本书内容中。二是在结构上，采用板块式体系，从国家治理体系的概况到国内外保险业发展的概况，从保险在金融业中的地位、保险在国家社会保障体系中的作用到保险在国家治理体系中的地位，结构完整清晰。三是在研究方法上，采取了文献分析与实证研究相结合的方法，注意定性和定量分析相结合，理论与实务兼备，论证清晰易懂。

本书由李江宁、殷晓松主编，课题组成员包括董广驰、腾焕钦、李康昱、袁怀锋、王莹、倪海涛、霍康、王艳玲、王洪涛。具体编写分工是：第一章、第五章、第六章和第十章由袁怀锋执笔，第二章由倪海涛执笔，第三章由王莹执笔，第四章由李康昱执笔，第七章、第八章由霍康执笔，第九章由王艳玲执笔。本书由李江宁、殷晓松提出撰写提纲，组织讨论修改并统稿。研究和撰写过程中，山东省人力资源和社会保障厅巡视员董广驰先生给了很多指导和建议，山东保险监督管理局滕焕钦处长也在各方面给予了很多帮助。另外，南开大学出版社的各位同仁也为本书的顺利出版付出了大量的心血。我们在此一并表示感谢。

因水平及时间所限，本书难免存在不足和疏漏之处，欢迎各位专家和读者批评指正。

李江宁　殷晓松

2016 年 6 月于济南

摘　要

随着全球治理思潮的兴起和国家治理理念的形成，保险业（商业保险）在国家治理体系中应居于何等位置、应发挥什么作用，就成了一个非常值得研究和思考的问题。多年来，我国保险业不断发展成长，在国家经济社会生活中发挥了重要的作用。但不可否认的是，保险业在国家经济社会生活中的地位还不高，影响力还不大。2014年中国保险密度只有237.2美元，低于美国的3979美元，也低于世界平均水平；保险深度3.2%，更低于世界平均水平。寿险领域的销售误导、财险领域的理赔难等问题一直长期存在。保险在公众中的形象与我们的期望仍然有很大差距。因此我国在推进、完善国家治理体系和提升治理能力现代化的过程中，需要保险业积极参与，发挥出更大的作用。

我们的研究得益于党的十八届三中全会确定的"全面深化改革的总目标是完善和发展中国特色社会主义制度，推进国家治理体系和治理能力现代化"的方针，也得益于全球治理和国家治理思潮的兴起。本书旨在从国家治理的最高层面，研究保险的改革发展问题，研究保险业的定位问题，研究保险业如何更好地服务国家治理、服务国家治理能力现代化，研究如何增强保险业在国家治理体系中的话语权，为保险业更快发展提供理论基础支持。目前，国内外关于保险业在国家整个治理体系中的定位研究还比较少，现有的研究多是从保险与社会保障或社会保险的关系的角度切入。在保险业的发展实践中，保险业在国家治理体系中也存在错位、缺位等问题。为提升保险业在国家治理体系中的话语权和影响力，在国家治理的决策层面找准行业发展的着力点和方向对人寿险行业的长远发展是至关重要的。因此，本书在研究中试图做到跳出保险看保险，避免为研究而研究，避免只面向少数业内人士，也避免受到行业的惯性思维和从业者的视角的影响。

本书的主要创新是跳出保险看保险，从国家治理的最高层面看保险的定位。我们认为，从国家治理的角度看，商业保险可以在很多领域发挥作用，但最重要的是在社会保障（养老保障和医疗保障）中的作用。主要创新点，一是明确商业保险和社会保险之间是竞争融合、共同发展的关系，商业保险应做好与社保竞争的准备；二是国家应建立商业保险机构承接政府职能转移作用的客观评价机制；三是国家和监管机构应鼓励发展自律维权型、研究教育型、纠纷调解型、公众服务型等保险行业组织。

本书第1章从国内外全球治理和国家治理的研究情况入手，分析了全球治理思潮的产生、扩散和影响，并对我国治理理论的研究进行了归纳，发现我国学者对治理理论的研究已经从单纯的引介评论阶段，过渡到了视角各异、"洋为中用"的深入研究阶段。本书除关注全球治理和国家治理的研究情况外，还从保险的保障属性、金融属性和社会属性三个方面回顾了保险的职能定位研究，梳理了我国学术界对保险职能的再认识、再定位，并对商业保险在社会保障体系中的定位和保险具体经营领域的定位研究情况进行了分析。书中还结合我国保险业的最新实践，对"新国十条""健康险国五条"和保险业关于保险定位的主要观点进行了归纳总结。

第2章对国家治理的相关概念进行了界定，分析了现代国家治理体系具有治理主体多层多元化、治理结构分权网络化、治理制度理性化、治理方式民主法治化、治埋手段文明化、治理技术现代化等特点，并论述了国家治理现代化过程中面临着对政府治理路径的依赖、市场治理机制不完善、社会多元治理基础薄弱、个体的自觉自律不到位等一系列的挑战，指出要从培育和创新现代国家治理理念、建立健全现代国家制度体系、创新国家治理的方式方法、发挥多元治理主体的作用等方面推进国家治理现代化，最后从国家治理需要嵌入保险机制、保险功能提升和完善国家治理几个方面论述了保险与国家治理的关系，体现把保险纳入现代国家治理体系的必要性和重要性。

本书第3章和第4章从社会保险与商业保险的起源、国外社会保险制度的发展、社会保险的主要模式、社会保险发展的启示和我国社会保险体系的主要内容及作用、社会保险体系的发展及趋势等方面梳理了国内外社会保险的发展历程，并从险种的角度回顾了国外商业保险的发展历史，从时间的维度回顾了我国保险业的发展历程。这种回顾总结特别注意突出保险在不同历史时期的地位和作用。

本书第5章和第6章是研究的中心。第5章从一般分类角度对商业保险在各个领域的地位作用做了比较全面的论述，包括一般财产保险、大病保险、责任险、信用保险、农业保险、巨灾保险等，论证了商业保险在促进经济发展、稳定生产和人民生活、化解矛盾纠纷、贯彻国家政策和落实治理意图等方面所发挥的重要作用。第6章是本书研究最重要的部分。首先对传统的职能定位，即保险的经济补偿、资金融通和社会管理职能进行了回顾，同时又从我国保险业实践的角度，对行业定位进行了梳理，得出我国保险业定位经历了一个从无到有、从被动定位到主动定位、从行业定位到国家定位的过程。其次分析了我国养老保险体系现状，并介绍了美国的养老保险体系，最后得出我国养老保险体系发展不均衡，应大力发展企业年金和个人商业养老保险的结论。本章还研究了商业保险怎样更多地经办各种医疗保险的问题，论述了商业、医疗保险分别在促进我国经济增长方式转变、优化我国金融市场结构、完善市场经济体制、促进卫生体制改革、拉动消费、提高居民生活质量等方面所具有的作用。我们的结论是，商业养老保险和医疗保险目前所发挥的作用仍然是社会保障的补充，但从未来发展和商业保险应发挥的作用角度看，应该大大提高其地位，成为国家治理体系的重要组成部分。

第7章和第8章论述了保险业在金融业的地位作用以及与资本市场的关系。保险业是金融业的重要组成部分，保险业本身就是金融治理的重要一环。因此，我们对保险业与金融业的发展进行了研究，通过大量的数据分析，说明了金融和保险在现代经济中具有的重要地位和作用，从混业经营对保险业的影响入手，分析了保险业在金融行业的地位和未来趋势，最后结合大资管的时代背景，指出了我国保险业的未来趋势。另外，本章还重点分析了保险业与资本市场发展的关系及对其的影响，保险业可以为资本市场提供长期稳定的资金来源，促进资本市场规模的扩大,同时有利于改善资本市场机构投资者的格局,并以实证分析的方法,介绍了美国、欧盟和日本保险业与资本市场的发展及其相互影响情况,最后介绍了我国保险业资本运作的基本情况及在资本市场发挥的作用,并对未来我国保险业在资本市场所能发挥的作用进行了展望。

第9章论述了在国家治理定位背景下,保险企业和保险市场的发展趋势。保险业在国家治理体系中发挥积极作用,是通过具体的保险企业的市场化经营行为,以灵活的市场机制实现的,未来的发展趋势也会反过来促进和影响保险业服务国家治理体系的能力。本书通过对我国保险企业股权结构情况、保险业发展基本情况以及互联网保险业务发展情况的分析,梳理了我国保险企业的发展现状。同时从国内外经济发展环境对保险市场的影响,以及保险市场实现强势发展、进入行业发展关键期等角度,对我国保险市场的发展现状进行了梳理和分析。在本章的最后给出了我国保险业及保险市场发展趋势研判,一是全面深化改革将对保险业产生巨大的影响,现代保险服务业将在国民经济及社会发展中承担更大责任;二是公司治理监管进一步加强,保险公司法人治理结构进一步完善,保险公司现代化管理能力进一步提升;三是服务于国家经济发展战略及全面深化改革目标,保险组织集团化、国际化发展成为必然趋势;四是保险市场公平竞争秩序逐渐形成,市场退出机制逐步建立、完善,行业自律度逐渐提升,保险信用体系逐步建立;五是将逐渐实现从分业经营到产业融合、从粗放型到集约型发展方式的转变;六是新科技为保险业发展带来新的机遇,"互联网+"将成为新常态。

基于如何发挥保险业服务国家治理体系,如何更好地防范风险以及如何促进保险业发展的思路,本书第10章给出了相应的适应国家治理体系的监管建议。首先,应把商业保险作为国家治理体系的重要内容进行统筹规划,不断强化保险业在国家治理体系中的定位及其重要作用。一是应充分认识到我国老龄化问题的紧迫性和改善、稳定金融市场的重要性,加快发展养老保障体系的第二、第三支柱。二是国家治理的最高层应不断调整社会保险和商业保险的定位和边界,充分发挥二者作用，平衡二者的关系，为商业保险的发展打开空间。三是监管部门和保险行业组织应积极在国家治理的不同层面为保险行业争取各种扶持政策，不断释放政策红利。其次，监管机构应积极支持保险公司承接政府职能的转移。一是保险业自身应不断加强管理，积极承接政府职能转移，在与社保机构合作中积累经验。二是保险公司可以成为政府采购领域的供应商，提升政府治理的有效性，同时积极开拓扩大政府委托经办领域，在政府委托经办领域成为社保机构的竞争者和合作者。三是保险公司应充分挖掘和利用自身优势，以长期稳定的保险资金积极参与 PPP 项目。四是国家应建立健全商业保险机构承接政府职能转移作用的客观评价机制，定期评估保险机构承接政府职能转移的有效性，避免凭具体治理领域的决策部门和决策人的主观感受来评价的情况。最后，国家和监管机构在落实治理的过程中，应鼓励发展多层次、多类别的行业组织作为"缓冲垫"和"传感器"，以提高承接各层级、各行业的国家治理工作的有效性。具体地说，可以重点扶持自律维权型组织、研究教育型行业组织、纠纷调解型组织和公众服务型组织等几类行业组织。

通过对上述内容的分析和研究，本书结论是：从建立社会主义市场经济和吸取希腊过度国家福利教训的角度出发，我国应该提高商业保险的地位作用，大力发展第二、第三支柱，改变目前"一柱独大"的局面。要改变这一局面，只靠保险业自身努力是不够的，必须得到国家最高决策者和重要决策部门的认同和积极响应。从这个角度出发，保监会目前不仅是行业的监管者，同时还应该是行业发展的领导者、推动者。另外，通过与发达市场经济国家对比，我们认为，保险业在金融业的地位作用还应该进一步提高，保险资产作为长期投资者可以大大改善中国资本市场的资金来源和上市公司的治理结构。

本书采取了文献分析与实证研究相结合的方法，在研究过程中搜集了大量的关于国家治理、保险业定位、金融和资本市场、保险企业和保险市场等方面的文献和数据，对文献和数据进行了梳理、分析和加工，并在搜集文献和数据的基础上，对商业保险在社会保障体系中的定位和作用、国内外金融市场和资本市场等方面进行了比较分析。

　　此外，在研究过程中还采用了实证分析的方法，以大量的数据和事例，具体介绍、分析了我国养老保险体系与美国的差距，分析了美国、欧盟和日本保险业在资本市场发展中所发挥的作用及其相互影响。

目　录

第1章

引　言

1.1　研究背景

　　本书是由中国保监会于 2014 年 6 月立项的课题结项成果,旨在研究保险业如何更好地服务国家治理,服务国家治理能力现代化。课题立项时,"新国十条"尚未颁布,因此本书有部分观点与"新国十条"一致,为保证表述的严谨性,该类观点基本上沿用了"新国十条"中的表述内容。此外,本书的研究得益于全球治理和国家治理思潮的兴起,同时,国家在推进治理能力现代化的过程中也离不开保险业的参与和贡献,目前我国保险业在国家治理体系中的话语权和影响力也不足。因此,上述情况都成为本书研究的背景。

1.1.1　全球治理思潮方兴未艾,国家治理理念逐渐形成

　　全球治理理论是顺应世界多极化趋势而提出的,旨在对全球政治事务进行共同管理的理论。时至今日,该理论已不仅仅限于全球政治事务,也扩展到了经济、外交、全球气候变化、恐怖威胁等其他领域。该理论最初由社会党国际前主席、国际发展委员会主席勃兰特于 1990

年在德国提出。1992 年，28 位国际知名人士发起成立了"全球治理委员会"（Commission on Global Governance），并由卡尔松和兰法尔任主席，该委员会于 1995 年发表了《天涯成比邻》（Our Global Neighborhood）的研究报告，较为系统地阐述了全球治理的概念、价值以及全球治理同全球安全、经济全球化、改革联合国和加强全世界法治的关系。后经国内外多名专家学者的研究和推动，全球治理思潮大行其道，不仅在国际组织、区域性组织和社团中被广泛接受和关注，世界许多国家政府也都非常重视全球治理理论的研究和应用，以期在全球治理的进程中获得主导权，发挥影响力，在全球治理的不同层面抢夺话语权。我国也非常重视全球治理理论的研究，积极参与全球治理进程，并在目前的全球治理事务中获得了一定话语权。同时，我国也涌现了一批知名学者，为我国在全球治理体系中夺得一席之地发挥了积极作用。

随着全球化时代的来临，人类的政治生活发生重大的变革，其中最引人注目的变化之一便是人类政治过程的重心正在从统治走向治理，从善政走向善治，从政府的统治走向没有政府的治理，从民族国家的政府统治走向全球治理[1]。从一定的意义上说，全球治理是国家层面的治理和善治在国际层面的延伸。国家治理可以从全球治理中吸收有益的成分和经验，两者可以在发展中相得益彰。党的十八届三中全会指出，"全面深化改革的总目标是完善和发展中国特色社会主义制度，推进国家治理体系和治理能力现代化"。习近平同志在 2014 年 2 月 17 日召开的"省部级主要领导干部学习贯彻十八届三中全会精神全面深化改革专题研讨班"上对我国国家治理的重要内涵做了系统阐述，标志着我国国家治理理念的初步形成。目前，我国正处于改革开放的关键期和经济社会发展的转型期，落实国家治理的内在要求，对我国改革开放事业和经济社会发展具有深远的战略意义。

---

① 俞可平. 全球治理引论[J]. 马克思主义与现实（双月刊），2002，（1）：20.

1.1.2　完善国家治理体系需要保险业发挥其独特的作用

习近平同志指出,"国家治理体系是在党领导下管理国家的制度体系,包括经济、政治、文化、社会、生态文明和党的建设等各领域体制机制、法律法规安排,也就是一整套紧密相连、相互协调的国家制度"。国家治理体系内容包括经济、政治、文化、社会、生态文明和党建六个方面制度,而国家治理能力就是运用上述六方面制度管理各项事务的水平与绩效。从这一角度而言,经济治理无疑是国家治理不可或缺的重要组成部分,包括经济治理体系与治理能力两方面①。在推进经济治理现代化进程中,如何处理政府与市场的关系是问题的关键。处理好政府与市场的关系,就可以更好地优化资源配置,提高资源有效性,使效率与公平得到适当平衡。作为金融行业的支柱产业,保险业在经济治理现代化的进程中可以发挥出独特的积极作用,通过保险企业市场化的经营行为和管理机制,可以在承接政府在经济治理领域中的部分职能、完善社会保障体系、有效化解社会矛盾和纠纷、平稳释放和管理社会风险、维护金融行业和资本市场的稳定性和安全性等方面发挥应有作用。因此,在完善国家治理体系的过程中,应充分重视保险业在社会保障管理、社会风险管理、社会关系管理和社会信用管理等方面的作用,发挥保险具有的独特机制。

1.2　研究目的

1.2.1　为保险业更快发展提供理论支持

根据国内外传统的保险职能理论,保险具有经济补偿、资金融通

---

① 许正中. 国家治理现代化中的经济治理创新[J]. 国家治理,2015,(4):28.

和社会管理的职能，因此在国家治理不同层面和领域的决策中也往往从这三个方面出发。但上述职能定位和决策应用，只是侧重于保险的保障属性、金融属性和社会属性，更多是基于保险业内部管理的视角，并没有在更高的层面对保险的治理属性进行研究和决策应用。保险的治理属性在本质上要求研究者要跳出保险看保险，在国家治理体系的顶层设计中给保险业找准定位,因此对保险的研究应有理论上的突破，对保险业在国家治理中定位也要进一步明确。本书研究的首要目的就是要从国家治理的高度研究保险,为保险业的更快发展提供理论支持。

1.2.2 增强保险行业在国家治理体系中的话语权和影响力

保险的发展离不开国家治理体系中各层次和各领域决策部门的支持和协助，如果仅仅是保险行业自己为自己摇旗呐喊，恐怕效果会大打折扣，并有隔靴搔痒之感。比如在争取健康险和养老险税收优惠政策等方面，虽然保监会和保险行业已经呼吁、争取、沟通多次，而且国家对于健康险税优政策也于 2015 年 5 月 6 日破冰，但也还不能满足我国健康险发展需要的税优需求，对健康险发展的推动效果如何仍需观察和实践总结。其症结所在，正是保险业在国家治理体系中占据何种位置、具备多大话语权的问题。正如前文所述，目前保险业在整个国家治理体系中的话语权和影响力还不大，国家治理的各层面和各具体领域也没有足够的话语权和影响力。从国家治理的高度研究保险业的定位和应发挥的作用，将有助于保险业在国家治理的决策层面获得更多的支持和关注，可以增强保险业在国家不同治理领域的话语权和影响力，对行业的长远发展起到积极作用。因此，立足于提升保险业在国家治理体系中的话语权和影响力是本书研究的又一目的。

1.2.3 明确保险业在国家治理体系中的定位

保险业话语权和影响力不大与保险业定位有关，特别是与在国家治理体系中的定位密切相关。但截至目前，国内外关于保险业在国家整个治理体系中的定位研究比较少，现有的研究多是从保险与社会保障或社会保险是何种关系的角度切入。在保险业的发展实践中，保险业在国家治理体系中也存在错位、缺位等问题。为提升保险业在国家治理体系中的话语权和影响力，为保险行业的长远发展，在国家治理的决策层面找准行业发展的着力点和方向是至关重要的。提高保险业在国家治理体系中的定位是本书研究的主要目的。

1.3　国内外研究概况

1.3.1　全球治理与国家治理研究概况

1. 国外研究概况

20 世纪 90 年代以来，在西方学术界，特别是在经济学、政治学和管理学领域，"治理"一词十分流行。但是不久后西方政治学家和经济学家赋予"治理"新的含义，不仅其涵盖的范围远远超出了传统的经典意义，而且其涵义也与"统治"相去甚远。它不再只局限于政治学领域，而被广泛应用于社会经济领域；不仅在英语世界使用，并且开始在欧洲各主要语言中流行。

从国际层面看，全球治理是冷战结束后国际政治领域中最引人注目的问题之一。1992 年，联合国在前联邦德国总理勃兰特的倡议下成立了"全球治理委员会"，瑞典前首相卡尔松任该委员会的首任领导人。1995 年，该委员会发表了至今仍对国际关系深有影响的研究报告《我们的全球伙伴关系》，同年还创办了《全球治理》杂志。

一些重要的国际组织也纷纷发表正式报告，专门阐述治理问题。例如，世界银行 1992 年年度报告的标题就是"治理与发展"，经济合作与发展组织（OECD）在 1996 年发布"促进参与式发展和善治的项目评估"，联合国开发署（UNDP）1996 年的一份年度报告的题目是"人类可持续发展的治理、管理的发展和治理的分工"，联合国教科文组织

（UNESCO）在 1997 年也提出了一份名为"治理与联合国教科文组织"的文件，《国际社会科学杂志》在 1999 年第 2 期出了一个名为"治理"的专号，对全球治理和国家治理的深入研究和发展起到了重要作用。在该"治理"专号中发表的比较有影响力的论文有鲍勃·杰索普的《治理的兴起及其失败的风险：以经济发展为例的论述》、让—彼埃尔·戈丹的《现代的治理，昨天和今天：借重法国政府政策得以明确的几点认识》、弗朗索瓦—格扎维尔·梅理安的《治理问题与现代福利国家》等。

此外，戈登·斯密斯和莫艾斯·奈姆在 1999 年出版了《已经改变了的国家：全球化、主权和治理》研究专著，产生了较大影响。此后，奥兰·扬陆续出版了《世界事务中的治理》《直面环境挑战：治理的作用》等专著。安德鲁·F.库珀和阿加塔·安特科维茨在 2009 年出版了《全球治理中的新兴国家：来自海利根达姆进程的经验》。鲍铭言和迪迪尔·钱伯内特于 2011 年 9 月出版了《欧洲的治理与民主：欧盟中的权力与抗议》。

2. 国内研究概况

我国国家治理的研究始于对全球治理理论的引介和研究。按照蓝剑平研究的结果，从 1995 年至 2008 年，我国学者共发表了 178 篇关于全球治理的文章，但这些文献中多以引介为主，少有对全球治理具体领域的深入研究①。近年来，我国学者正在逐步超越单纯对全球治理理论的引介与评论阶段，开始对全球治理的具体领域展开视角各异、深浅不同的研究，同时，以中国视角看待全球治理，乃是国内不少学者研究探讨全球治理的"终极"关怀点之一，他们对中国参加全球治理的进程与方式提出了思路各异的针对性建议。比较有影响力的研究成果有俞可平的《全球治理引论》《经济全球化与治理的变迁》，蔡拓的《全球治理的中国视角与实践》，刘小林的《全球治理理论的价值观研究》，何增科的《全球民主治理与联合国改革》，崔立如的《G20 开

---

① 蓝剑平. 国内关于"全球治理"理论的研究进展：一个文献综述[J]. 中共福建省委党校学报，2008，（12）：70.

启了探索"全球治理"新路径的机会之窗》，庞中英的《霸权治理与全球治理》，王缉思的《当代世界政治发展趋势与中国的全球角色》，叶江的《试论全球治理、亚欧会议及中欧合作间的相互关系》，宋哲的《深化中欧合作，推进全球治理》等。

随着全球治理理论的滥觞，我国不少学者开始内向观照中国自身国家治理问题，其中部分学者从比较研究的角度对不同国家的治理进行了深入分析和研究。特别是在党的十八届三中全会上明确提出"全面深化改革的总目标是完善和发展中国特色社会主义制度，推进国家治理体系和治理能力现代化"以来，学术界出现了研究国家治理的热潮。特别是 2015 年以来，出版了一些高质量的研究成果。我国学者研究的关于国家治理方面比较有影响力的成果有：王诗宗的《治理理论及其中国适用性（全球化与治理转型丛书）》（2008），俞可平的《国家治理评估：中国与世界》（2009），王海明的《公正与人道：国家治理道德原则体系》（2010），麻宝斌的《社会正义与政府治理：在理想与现实之间（公共治理与公共政策丛书）》（2012），张慧君、黄秋菊出版专著《经济转型深化中的国家治理模式重构》（2013），吴元华的《新加坡良治之道（国家治理丛书）》（2014），胡光宇出版了专著《中国治理：中国经验》（2014），李泉的《治理思想的中国表达：政策、结构与话语演变》（2014）。

2015 年 1 月，俞可平主编了《国家治理现代化丛书》。该丛书共 6 册，分别是《社会治理》（周红云编著）、《基层治理》（陈家刚编著）、《政府治理》（何增科、陈雪莲编著）、《大国治理》（杨雪冬、张萌萌编著）、《生态治理》（曹荣湘编著）、《全球治理》（杨雪冬、王浩编著），涵盖了国家治理和全球治理的主要方面，比较系统地介绍了国家治理和全球治理的各个方面，产生了较大影响。

我国学术界对全球治理和国家治理的研究仍在进行中，这些理论的深入研究，为推进我国国家治理进程，为我国在全球治理中谋得一席之地发挥了积极作用，必将产生深远的影响。

1.3.2 保险职能定位研究概况

　　关于保险的定位，最早是基于其自身具备的职能衍生出来的，因此本书称之为"保险的职能定位"，这也是初始的、传统的定位，着重于从保险本身所具有的职能上进行阐述和分析，不同于保险业的定位视角。关于保险的职能，国内外曾经有过多种学说，比较有名的理论派别有英国的马歇尔和德国的马修斯所倡导的损失补偿说、德国的华格纳主张的损失分担说、德国的爱伦贝堡主张的二元说。后经国内外学者多年的提炼和归纳，大多数业界人士和研究人员都认为保险的基本职能是提供保障，有人称之为保险职能演进的第一阶段。在此基础上，又派生出资金融通的职能，有人认为这是保险职能演进的第二阶段，后来中国保监会又总结出保险具有社会管理的职能，被称之为保险职能演进的第三阶段。

　　除梳理传统的保险职能定位外，本书基于国家治理的研究视角，着重研究保险业在国家治理体系中的定位。

1.3.3 保险业在国家治理体系中的定位及发展研究概况

　　如前文所述，国内外关于保险业在国家治理体系中的定位研究非常少，现有的研究多是从保险和社会保障或社会保险是何种关系的角度切入。以下是我国学者近年来在保险业定位方面取得的有关研究成果。

　　1. 关于保险职能的再认识、再定位研究

　　中国保监会武汉保监局课题组发表了《对保险功能的再认识》，对保险的保障功能、资金融通功能和社会管理功能进行了系统回顾和梳理，认为保障功能是与保险相伴而生的，是保险的本质和核心，也是区别于银行、证券的显著特征。资金融通和社会管理功能则是保险随着经济发展，在其保障功能基础上产生的衍生功能。最后，作者呼吁加强保险宣传，改善保险业诚信形象，为保险业的发展创造宽松的环境，争取税收优惠支持①。

魏华林、皮曙初发表了论文《"风险社会"保险业的功能定位》，主张还原保险业"控制风险"的本质功能，在各种自然灾害风险多发、新型风险不断凸显的情况下发挥保险应有的作用。②

赵春梅发表了专题研究文章《保险的再定位》，呼吁我国保险业吸取"投连险风波"的教训，吸取国外金融危机的教训，不可过度依赖投资型产品和投资业务，使保险回归保障本质。③

郭金龙、周小燕发表了论文《保险功能再认识》，从保险功能发展演进的角度，明确提出保险是风险管理的基本手段，经济补偿只是风险管理的重要环节，宣称保险的功能随着经济社会发展不断扩展，并给出了几点政策建议。其中建议之一与赵春梅的观点不谋而合，认为应进一步强化保险的风险管理核心功能，突出保障，而不能定位于财富管理。④

上述学者的观点具有一定代表性，但对于保险的资金融通和社会管理职能有所弱化。

除上述观点外，厦门大学林宝清教授的观点更为激进，他认为保险根本不具有社会管理的职能⑤，但这一观点目前并没有形成大的影响力，学术界和保险业界目前已经普遍接受保险的社会管理职能。

2. 保险在具体治理领域的定位研究

（1）商业保险在社会保障体系中的定位研究

不少业内外学者从商业保险与社会保障和社会保险的关系入手，研究了商业保险在国家构建社会保障体系的过程中应发挥的作用和应具有的地位。这个议题讨论很多，是研究商业保险应在某些具体治理领域居于何种地位的核心议题。有的是以专题论文的形式公开发表，有的是在重要会议上做了有关思想阐述，以下是有关研究成果、主要

---

① 武汉保监办课题组. 对保险功能的再认识[J]. 保险研究，2003，（11）.

② 魏华林，皮曙初. "风险社会"保险业的功能定位[J]. 武汉大学学报（哲学社会科学版），2008，（11）：474—479.

③ 赵春梅. 保险的再定位[J]. 保险文化，2010，（6）：19.

④ 郭金龙，周小燕. 保险功能再认识[J]. 中国金融，2014，（17）.

⑤ 林宝清. 对保险资金融通与社会管理功能的再批判[J]. 海南金融，2008，（6）.

观点。

第一类观点是商业保险在国家保障体系中处于补充地位，发挥着补充作用，可以称之为"补充论"。这种观点长期以来在我国占据主导地位。

谢洋在其论文《我国商业健康保险在国民健康保障体系中的角色和定位研究》中详细分析了我国商业健康保险的角色、定位和发展路径，认为我国商业健康保险在国民健康保障体系中的角色应该既是社会医疗保险很好的补充品，也是部分人不错的替代品。为了达到这个目标，可以分两步走：一是现阶段，抓住做 TPA 的机会，做足补充品角色；二是在未来，促进"一体化"经营，做好补充品和替代品双重角色[①]。

2011 年 9 月 27 日，江苏省医疗保险研究会在泰州市召开"基本医疗保险和商业医疗保险"研讨会。在讨论社会医疗保险和商业医疗保险的区别及定位时，江苏省医保研究会副会长、省医保中心主任胡大洋认为，商业保险的定位应该是社会医疗保险的重要补充，是多层次医疗保险体系的重要组成部分。东南大学公共卫生学院张晓教授认为，基本医疗保障是政府的责任，商业保险只能作为基本医疗保障的补充。商业保险公司应该做的是为特殊的人群提供富有特色和丰富的健康差异化产品和服务，制定行业标准，提升专业化的经营管理能力，并保证良好的市场信用。南京医科大学冷明祥教授指出，我国的社会医疗保险制度遵循"低水平"的原则，不论社会医疗保险的作用和覆盖面多大，商业健康保险都是不可或缺的。商业健康保险是社会医疗保险的重要补充，是医疗保障体系的重要组成部分。

第二类观点是商业保险和社会保险互为补充，同为支柱，可以称之为"互补论"。

阎陆军提出，"无论从历史看、现在看还是长远看，'一柱独大'不符合我国国情和国力，而且最终难以体现社会保障的公平性、普惠

---

① 谢洋. 我国商业健康保险在国民健康保障体系中的角色和定位研究[D]. 西南财经大学硕士论文，2010.

性、科学性和可持续性"。而且他提出对商业保险的职能定位要再认识，认为在社会保障领域，商业保险是社会保障体系重要组成部分，与社会保险互为补充，共同担负着社会保障的社会责任。[①]该认识突破了以往把商业保险定位为补充角色的传统理念，提出商业保险和社会保险互相补充，同为支柱。但该理念其实是将一方面的"补充"作用改成了两方面的"互相补充"，与"补充论"没有实质上的区别。另外，该观点将商业保险和社会保险进行笼统比较分析，未深入考察商业养老与社会养老保险产品、商业医疗与社会医疗保险产品的可替代性在实践中是否一致的问题。

第三类观点是商业医疗保险是社会医疗保险的有益补充，商业养老保险在养老保障体系中占有重要地位，与社会养老保险优势互补、相得益彰，可以称之为"分域论"。

周道许在《商业保险在社会保障体系中的定位及作用机理》中指出，经考察多国社会医疗保险的实践，商业保险在医疗保险体系中仍处于补充地位。例如，卢森堡、瑞典、挪威、英国和日本等国家的医疗保障仍然几乎全部由公办体制承担，商业保险比重极低。而法国、加拿大、荷兰等国家的商业健康保险占比也仅在 10%以上。我国在经办社会医疗保险的实践中，也形成了社会医疗保险在医疗保障体系中占主体地位的情况。此外，周道许还在文中系统梳理了我国养老保障制度，从基本养老、企业补充养老（企业年金）和商业养老保险三个维度回顾了各自的发展历史和现状，以翔实的数据揭示了我国养老保障体系面临严峻的形势和挑战，并得出社会保险是养老保障体系的基础，而商业保险是重要组成部分，为社会保险提供配套服务，两者优势互补，缺一不可。[②]对此表述，我们更倾向于引用国外"三支柱"的观点，把商业养老保险、企业年金和社会养老保险表述为均为养老保障体系的支柱，而不是把社会养老保险定位为"基础"，商业养老保险界定为"配套"。商业养老保险也同样可以作为"基础"，只不过我

---

① 阎陆军. 商业保险在社会保障体系职能定位研究[D]. 中国社会科学院博士学位论文，2013.

② 周道许. 商业保险在社会保障体系中的定位及作用机理[J]. 新金融评论，2014，（1）.

国的现实情况是，商业养老保险还没有发展起来，还没有做大到可以作为"基础"的地步。

第四类观点认为目前商业保险在社会保障体系中的定位不合理，应在国家制度设计和安排方面给商业保险更大的发展空间，可以称之为"空间论"。

人力资源和社会保障部社会保障研究所所长金维刚先生在 2015 年 6 月 26 日下午"保险业改革创新与上海国际保险中心建设"分论坛上发表主题演讲。金维刚认为国家承担的社保职责过重，一是政府主办，二是社保缴费水平高，企业负担重，三是目前社会养老保险的替代率过高、医保的报销比例过高，这都压缩了商业保险的发展空间。他表示，社会保障方面应当就社会保险和商业保险有不同的定位，当前社保、商保定位不合理，需要政府通过制度的设计和政策的安排，使得商业保险有它本身发展的空间。

综合上述观点，我们认为前三类观点虽然有其各自的积极意义，但都没有离开保险业或社保从业者的视角来理解和研究商业保险的定位，没有从国家制度设计的层面来推动和研究保险业的定位。我们更认同金维刚先生的思路和见解，在政策设计层面应摒弃固有的社会保险占主导地位、商业保险居于补充地位的理念，给予商业保险足够的发展空间。

（2）关于保险经营的自身定位

除上文述及的围绕商业保险与社会保障和社会保险的关系作为研究出发点外，我国也有研究者基于保险经营领域的自身定位的角度阐述保险定位问题。其主要内容和观点综述如下。

黄晓琴、冷翠华对 2013 年我国各寿险公司的市场地位、产品、渠道和部门等方面对寿险公司的定位问题进行了分析，认为国内大多寿险公司在发展模式上还是注重规模，在产品、渠道等方面均采取了大而全的发展思路。在产品方面，保障型的产品占比仍然较少，储蓄替代导向理财类产品占比较高，而且多数公司的产品线都比较丰富、全面，涵盖人身险的各种产品。在渠道方面，个险、银保、团险仍是主要渠道，电销、网销、经代等渠道处于从属地位。作者最后就如何找准定位、是追求大而全还是小而精等问题向寿险公司提出了需要解答的课题。[①]

刘新立在《巨灾保险定位与技术》(载于 2015 年 2 月 3 日《中国保险报》)一文中强调要准确定位哪些灾害保险属于巨灾保险，应有一定的损失金额和人员伤亡数量标准，并明确把"致灾强度大、灾害损失重、救助需求高"的灾害事故纳入巨灾保险的范畴。该观点首先厘清了巨灾保险的可保范畴，对构建我国巨灾保险体系具有一定参考价值。

保监会副主席黄洪在 2015 年 2 月 10 日作客中国政府网，解读《关于加快发展商业健康保险的若干意见》(以下简称《若干意见》)时表示，要明确大病保险的定位。目前绝大多数大病保险项目都是对患者的大额医疗费用进行二次报销，这种以大额医疗费用为保障范围的普惠型的制度设计存在推高医疗费用的负面激励的现象，影响了政策效果。因此，黄洪副主席建议将大病保险调整为以重大疾病为保障范围的形式，同时加强与基本医保、商业保险和医疗救助等制度的衔接。该观点明确了大病保险最基本的保障范围，为下一步大病保险的改革和完善提供了有益思路。

3. "新国十条""健康险国五条"的主要观点

(1) "新国十条"关于保险业定位的内容

2014 年 8 月 13 日，《国务院关于加快发展现代保险服务业的若干意见》(即"新国十条")颁布。与 2006 年国务院发布的《国务院关于保险业改革发展的若干意见》(即"国十条")相比，"新国十条"的最大突破之处在于，在"指导思想"部分即明确立意，"立足于服务国家治理体系和治理能力现代化，把发展现代保险服务业放在经济社会工作整体布局中统筹考虑，以满足社会日益增长的多元化保险服务需求为出发点，以完善保险经济补偿机制、强化风险管理核心功能和提高保险资金配置效率为方向，改革创新、扩大开放、健全市场、优化环境、完善政策，建设有市场竞争力、富有创造力和充满活力的现代保

---

① 黄晓琴，冷翠华. 2014 寿险定位：大而全还是小而精[N]. 证券日报，2014-1-30.

险服务业，使现代保险服务业成为完善金融体系的支柱力量、改善民生保障的有力支撑、创新社会管理的有效机制、促进经济提质增效升级的高效引擎和转变政府职能的重要抓手"。这就明确了保险业发展的新定位，设立了新目标，也展现出无限广阔的发展新机遇。在"指导思想"中也可以看出保险业应充分发挥经济补偿和风险管理、资金配置、完善金融体系、创新社会管理、促进经济提质增效、转变政府职能等方面的作用，其实上述作用已经涵盖了保险的经济补偿（保障属性）、资金融通（金融属性）和社会管理职能（社会属性），同时也隐含着保险具有促进国家善治的职能（治理属性）。另外，"新国十条"还专门明确保险业是现代服务业的发展重点，并用专门章节明确了商业保险是社会保障体系的重要支柱。这种定位，远比前文所述的"补充论""互补论"等观点的立意和定位要高，为保险业未来的发展指明了方向。

（2）"健康险国五条"关于保险业定位的内容

国务院总理李克强于2014年8月27日主持召开国务院常务会议，确定加快发展商业健康保险，助力医改，提高群众医疗保障水平。会议确定深化医改要政府和市场"两手并用"。用改革的办法调动社会力量，发展商业健康保险，与基本医保形成合力，有助于提高群众医疗保障水平、满足多层次健康需求，推进健康服务业发展、扩大就业，促进经济结构调整和民生改善。就具体政策而言，会议提出了如下五项内容。

一要全面推进商业保险机构受托承办城乡居民大病保险，从城镇居民医保基金、新农合基金中划出一定比例或额度作为保险资金，建立城乡居民大病保险制度，提高大病患者医疗报销比例。目前这项制度试点已取得成效，要抓紧向全国推开。

二要加大政府购买服务力度，引入竞争机制，支持商业保险机构参与各类医疗保险经办服务。鼓励医疗机构成为商业保险定点医疗机构，降低不合理医疗费用支出。

三要丰富商业健康保险产品，开发面向老年人、残疾人等的保险产品。加快发展医疗责任等执业保险，提高覆盖面。

四要加大政策支持。完善企业为职工支付补充医疗保险费的企业所得税政策，鼓励社会资本设立健康保险公司，支持商业保险机构新办医疗、社区养老、体检等机构。

五要加强监管，规范商业健康保险市场秩序，查处违法违规行为，确保有序竞争。

以上五条内容，是对"新国十条"在健康保险领域的具体推动和落实（被称为"健康险国五条"），将对我国健康保险的发展产生深远、积极的影响。

（3）保险业学习"新国十条"的主要论述

2014 年 9 月 8 日，保监会主席项俊波在《学习时报》上发表了《充分发挥保险在服务国家治理中的作用》重要文章。该文高屋建瓴，从保险业在提升国家经济治理水平、社会治理水平、政府治理水平等方面所能发挥的积极作用，论证了我国保险业在服务国家治理体系建设中大有可为。此外，项俊波主席还在文中提出保险业在服务国家治理体系中要想发挥好积极作用，必须着力解决"三个问题"，努力形成"三大格局"，即第一要解决保险意识问题，推动形成全社会学保险、懂保险、用保险的保险文化格局；第二要解决保险价格问题，推动形成老百姓愿意买、企业愿意用、政府愿意推的保险消费格局；第三要解决保险服务问题，推动形成政府引导、政策支持、市场参与的保险服务格局。项俊波主席的以上重要论述和观点，是现阶段我国保险业在国家治理体系中定位研究的主要成果，成为指导保险业在国家治理体系中发挥积极作用的重要依据[①]。

王和在《保险业"归位"国家治理结构》中指出，在"新国十条"在国家治理体系中给出保险业的明确定位后，保险业自身也要在我国社会管理模式创新和政府职能转变过程中强化这种定位，扮演好"接手"和"助手"的角色。所谓"接手"是在政府剥离社会风险管理职能的过程中去承接，即针对的是政府社会风险管理工作的"存量"。所谓"助手"主要是充分发挥保险的正外部性特征，协助政府不断提升

---

① 项俊波. 充分发挥保险在服务国家治理中的作用[N]. 学习时报，2014-9-8.

社会风险管理水平，扩大社会风险管理的领域，针对的是政府社会风险管理工作的"增量"。此外，王和认为保险业不仅要明确外部定位，更重要的是要做好内部定位。"新国十条"给了行业和企业再定位的契机，保险公司要转变发展方式，提高服务质量，努力降低经营成本，提供质优价廉、诚信规范的保险产品和服务。[①]

盛和泰在 2014 年 12 月 18 日召开的"社会治理创新与中国保险服务业"首届北京保险国际论坛上表示，保险业要立足于服务国家治理体系和治理能力现代化，成为创新社会治理的有效机制，可以从多元治理、依法治理、高效治理、综合治理等几个方面进行推动。第一，保险业在促进多元治理，有效发挥政府、社会、市场三方合力，提升社会治理的协同性方面可以做出自己的贡献；第二，保险业在促进依法治理，依据法律制度将社会矛盾转化为经济补偿关系，提升社会治理的规范性方面，可以发挥重要的作用；第三，保险业在促进高效治理，提高社会治理效率方面可以发挥应有的作用；第四，保险业可以在综合治理方面，通过参与实现社会自治，发挥重要的作用。

从我国保业业发展的实践上看，对于保险业定位的认识和判断经历了一个从无到有、从被动定位到主动定位、从行业定位到国家定位的过程，是一个不断深化的过程。2006 年发布的"国十条"是我国保险业定位从行业定位向国家定位转变的标志。在 2006 年的"国十条"中，保险业被视为"市场经济条件下风险管理的基本手段，是金融体系和社会保障体系的重要组成部分"。2012 年 11 月，保监会提出保险业要在关系全局的现代金融、社会保障、农业保障、防灾减灾、社会管理等"五大体系"建设中发挥更大的作用；2013 年 9 月，保监会又提出，"保险事业就是群众的事业"，同时提出"无人不保险、无物不保险、无事不保险"的"全保险"新思维；"新国十条"则站位更高，立意更远，视野更广，认为保险是现代经济的重要产业和风险管理的基本手段，是社会文明水平、经济发达程度、社会治理能力的重要标志。

---

① 王和.保险业"归位"国家治理结构[N].中国保险报，2014-8-15.

1.4 主要研究内容

本书主要从以下五个方面进行了研究：一是研究保险业在国家治理体系中的作用和定位；二是研究商业保险在社会保障领域的定位；三是保险业与金融业及资本市场的发展研究；四是对保险业及保险市场的发展趋势进行了研究；五是提出了适应国家治理体系的监管思路建议。

1.4.1 保险业在国家治理体系中的基本作用

本书从国家治理的基本理念及与保险的关系开篇，通过回顾国内外商业保险的发展历史，系统梳理了保险业在不同时期在国家治理体系中发挥的作用，为研究我国保险业在国家治理体系中的定位提供了参考。我们的研究着重于以下两个方面：一是保险在国家治理中的作用。通过系统梳理和分析保险在国家治理中的作用，我们得出保险业在国家治理中发挥了"社会稳定器""经济助推器"等作用。二是保险业在国家治理体系中的重新定位。首先结合前文分析，我们建议突出保险所具有的治理属性，在保险的三项传统职能上，增加保险"促进善治"的职能。在保险业的总体定位上，我们认为应由国家治理的最高层面决定，保险应纳入国家整体经济社会发展中统筹规划，服务于国家治理现代化，同时在具体的社会治理领域、经济治理领域和生态治理领域中应分别具有不同的定位。

1.4.2 提高商业保险在社会保障领域的定位

接下来的章节分析了商业养老保险和商业医疗保险的作用，对我国养老保险体系的现状进行了分析，并与美国的养老保险体系做了简单对比，得出"我国养老保险体系不均衡，应大力发展企业年金和个人商业养老保险"的结论。对于商业保险在社会保障领域的定位研究，我们首先回顾了商业保险在社会保障领域的传统定位观点,指出了"补充论""互补论"和"分域论"的不足之处,同时明确了社会保险和商业保险竞争融合、共同发展的关系。最后我们给出商业保险在社会保障领域的重新定位,在总体定位方面,商业保险是社会保障领域的支柱,在具体定位上,商业保险是社会保障领域的供给者、服务商和竞争者。

1.4.3 保险业与金融业及资本市场的发展

我们还研究了保险业与金融业的发展以及保险业与资本市场的发展关系,通过大量的数据和逻辑分析,得出保险业在金融业三大领域中地位严重偏弱的结论,未来有广阔的发展空间。保险资金作为长期稳定的投资者,可以改善企业的资产负债结构和治理结构。

1.4.4 保险业及保险市场发展趋势

首先从股权结构、基本情况、互联网业务情况等方面分析了我国保险企业发展的现状,接下来对我国保险市场的发展情况进行了分析,最后从不同的方面和角度对我国保险业和保险市场发展的趋势进行了研判。

1.4.5 适应国家治理体系的监管思路建议

本书的结尾部分,我们尝试提出了几点监管建议。一是建议把保险业作为国家治理体系的重要内容进行统筹规划。首先是要加快发展养老保障体系的第二、第三支柱,其次建议国家治理的最高层应不断调整社会保险和商业保险的定位和边界,为商业保险的发展创造空间,同时建议要为保险行业争取各种税收优惠等扶持政策,进一步简政放权,激发市场活力和创新力,为商业保险发展创造条件,最后建议保监会提前为混业经营和混业监管做准备。二是建议支持保险公司积极承接政府职能的转移。首先，建议保险业积极承接政府职能转移，并做好与社保竞争的准备，其次，保险公司可以在政府采购和政府经办领域成为社保机构的竞合者，再次，保险公司可以利用长期稳定的保险资金积极参与 PPP 等项目，最后，应建立健全商业保险机构承接政府职能转移作用的客观评价机制。三是建议鼓励发展多层次、多类别的行业组织，承接各层级、各行业的国家治理职能。国家应积极发展、培育各类组织，并对自律维权型组织、研究教育型行业组织、纠纷调解型组织、公众服务型组织进行具体的分析。

第2章
建立现代国家治理体系的基本要求

  党的十八届三中全会提出，"全面深化改革的总目标是完善和发展中国特色社会主义制度，推进国家治理体系和治理能力现代化"。推进国家治理体系和治理能力现代化，就是要适应时代变化，改革不适应实践发展要求的体制机制、法律法规，不断构建新的体制机制、法律法规，使各方面制度更加科学、更加完善，实现党、国家、社会各项事务治理的制度化、规范化、程序化；更加注重治理能力建设，增强按制度办事、依法办事意识，善于运用制度和法律治理国家，把各方面制度优势转化为管理国家的效能，提高科学执政、民主执政、依法执政水平。

  保险作为国家重点支持和发展的产业，如何参与和推动国家治理体系现代化建设，又如何在国家治理现代化建设的进程中获得长足的发展，是一个在理论和实践两个方面都有必要进行探讨和推进的课题。只有深刻理解国家治理的相关知识，全面领会保险与国家治理的相互关系，才能更清楚、更主动、更恰当地把握保险融入国家治理的切入点、服务国家治理的结合点和推动国家治理的助力点。

2.1　国家治理的相关概念

2.1.1　治理与国家治理

"治理"源于古希腊语中的"掌舵"，含有引导、控制的意思。全球治理委员会认为，治理是各种公共或私立的个人和机构管理其共同事务的诸多方式的综合，是使相互冲突或不同的利益得以调和并采取联合行动的持续过程。《欧洲治理白皮书》将治理定义为"影响到欧洲的权力行使，特别是从开放、参与、责任、效率与和谐的观点出发的程序和行为"。库伊曼认为，"治理的任务主要在于系统的构建与协调"，詹姆斯·罗西姆认为，"治理是指共同目标支持的系统性活动"。我国学者俞可平在《治理与善治》一书中，对治理做了全面介绍。他认为，治理包括统治和管理的意思，包含一定的强制力和非强制力，是介于统治与管理之间的一种行为或活动，基本要素是治理主体、治理客体、治理目标和治理方式。按照治理的不同层面和领域，可分为国家治理、政府治理、社会治理、公司治理、法人治理、社区治理等。西方治理理论的学术渊源是社会中心论，主张从社会的诉求来规制国家和政府的职责和作为。西方之所以用"治理"的概念取代"统治"，是市场失灵和政府失灵的结果，以及缘于福利多元主义和福利自由主义的兴起。

国家治理，既吸收了一般治理概念的核心，也吸收了公司治理的成果，是在扬弃统治与管理基础上形成的，是国家政权的所有者、管理者和利益相关者等多元行动者对社会公共事务的合作管理，目的是增进公共利益，维护公共秩序。国家治理是一个结构性的动态均衡调适过程，在保障国家治理结构基本稳定和改革国家治理体系不相适应的部分之间保持一种有机的均衡。国家治理的目标与现代国家的责任和职能相一致，首先是维护国家的基本秩序和稳定，其次是发展国民经济和提供公共服务，包括调控宏观经济、直接规范和管理经济活动，对社会资源实施再分配，以不同于市场原则的方式提供公共产品和服

21

务，不断提高全民的社会福祉。

2.1.2 国家治理体系和治理能力

国家治理体系和治理能力是一个国家制度和制度执行能力的集中体现。习近平总书记指出，"国家治理体系是在党领导下管理国家的制度体系，包括经济、政治、文化、社会、生态文明和党的建设等各领域体制机制、法律法规安排，也就是一整套紧密相连、相互协调的国家制度。国家治理能力则是运用国家制度管理社会各方面事务的能力，包括改革发展稳定、内政外交国防、治党治国治军等各个方面"。学术界从学理上对此做了进一步的研究和解释。对于国家治理体系，主要有两种观点：一是"制度论"，把国家治理体系界定为制度。认为国家治理体系是规范社会权力运行和维护公共秩序的一系列制度和程序，包括规范行政行为、市场行为和社会行为的一系列制度和程序，其中政府治理、市场治理和社会治理是现代国家治理体系中三个最重要的次级体系。二是"系统论"，把国家治理体系界定为系统或体系。国家治理体系是国家多领域、多层次、多主体、多中心治理活动的系统化，是以目标体系为追求、以制度体系为支撑、以价值体系为基础的结构性功能系统，是"根据什么理念、采取怎样的制度安排和具体的技术手段"来治理国家的一个综合体系。而国家治理能力，是国家完成治理活动所必需的各种主观条件，涵盖行使公共权力、履行国家职能、制定公共政策、提供公共产品、分配社会资源、应对突发事件、维护社会稳定、建设和谐社会、促进社会发展、处理国际关系等各个方面的能力。国家治理能力直接影响国家治理的效率、水平和质量。

2.1.3 国家治理体系和治理能力现代化

习近平总书记指出，"推进国家治理体系和治理能力现代化，就是要适应时代变化，既改革不适应实践发展要求的体制机制、法律法规，又不断构建新的体制机制、法律法规，使各方面制度更加科学、更加完善，实现党、国家、社会各项事务治理制度化、规范化、程序化。更加注重治理能力建设，增强按制度办事、依法办事的意识，善于运用制度和法律治理国家，把各方面制度优势转化为管理国家的效能，提高党科学执政、民主执政、依法执政水平"。学界研究认为：国家治理体系现代化是在现代社会条件下，国家治理体系适应现代变革的本质要求而对自身进行的现代化，包括国家治理主体的现代化、治理客体的现代化、治理目标的现代化、治理方式的现代化等。国家治理能力现代化是国家适应现代社会的发展要求,使国家治理主体的意志力、执行力、凝聚力、发展力、创新力现代化，是把治理体系的体制和机制转化为一种能力，发挥治理体系功能，提高公共治理能力，其主要标志是科学的制度、合理的结构和充分的绩效。[1][2]

2.2　现代国家治理体系的特点

现代国家治理体系涉及正确处理政府—市场—社会三者之间的互动关系，形成三者既相互制约又相互支撑的合作治理框架，在提升政府治理整体效能的基础上，形成多元治理主体之间的网络治理模式。其特点包括以下几个方面。

2.2.1　治理主体多层多元化

现代社会是一个利益多元社会，多元社会的治理需要动员各种治理资源和主体力量。首先，需要在政府体系内部形成一个上下级政府之间、同级政府不同部门之间、不同政策领域之间的"跨界性"合作网络，建立部门之间协调配合机制，构建现代意义上的整体性政府。其次，政府需要积极寻求与市场组织、社会组织构建合作伙伴关系，

---

[1] 方涛.国家治理体系和治理能力现代化：内涵、依据、路径[J].观察与思考，2015，（1）.
[2] 丁志刚.全面深化改革与现代国家治理体系[J].江汉论坛，2014，（1）：37—40.

稳妥推进公共服务供给的市场化和社会化，实现多元化的合作治理。政府不再是国家唯一的治理主体，社会公共机构、市场主体和公民开始承担越来越多的治理职责，各种参与者最终形成一个合作网络。

2.2.2　治理结构分权网络化

制度化的分权既是市场化改革的内生需求，也是一个国家实现治理现代化的必然要求。治理结构的分权化，从政府与市场的关系角度是政府向市场的放权，从政府与民众的关系角度是向社会的让权，核心问题都是在现代治理理念的指引下实现权力的科学合理配置。现代社会是一个高度组织化的网络社会，国家治理资源日益分布于各种社会经济组织中，随着各种经济、社会、环境问题日趋多样化、动态化和复杂化，迫切需要民间组织、利害相关者、专家学者等方面的合作协助，动员分散的社会资源，在多元、持续、互相依赖的集体行动中解决庞杂、专业、分割的政策问题，网络治理模式已成为现代社会有效的公共事务治理之道。

2.2.3　治理制度理性化

制度是社会的基本构成要素，国家治理制度的变迁和成长，在很大程度上决定着社会发展的方向、速度和质量。治理制度的理性化意味着国家具有"计算"能力，把"成本—收益"作为国家行为的实践原则，有利于以法理型权威为基础的国家政治生活日益制度化与程序化，日益提高国家解决社会问题的能力。

2.2.4　治理方式民主法治化

公共政策向社会各个领域的普遍蔓延和渗透，使国家治理活动对公民的生活境遇和社会福利产生了广泛而持续的深远影响，并不断强化人们参与的动机，治理方式的民主化成为国家治理体系现代化的必由之路。法治通过限制专断的权力、使之服从法律统领，把确定性、可预测性等引入社会生活，有利于社会的正常运转。在现代国家治理体系中，以民主机制形成的法律制度，更能体现公共利益的导向。将民主制度化、法律化，为民主创造一个可操作的、稳定的运行和发展空间，把民主容易偏向激情的特性引导至理性的轨道，为民主的健康发展保驾护航。

2.2.5　治理手段文明化

治理手段的文明化体现为国家行为的非暴力化，虽然国家垄断着暴力工具，但是在解决社会经济等问题上越来越多地依靠法律、行政以及市场等非暴力的机制和手段，国家治理的制度化与程序化、文明化的程度不断提高。

2.2.6　治理技术现代化

信息技术的飞速发展为国家治理的基础性制度建设提供了非常好的技术条件，可借助互联网、大数据、云计算、移动平台等技术和手段，对信息进行有序化的收集、储存和控制，强化国家对个体和社会的监管和服务能力，提升治理能力，拓展治理空间。[①]

2.3　国家治理体系现代化建设面临的挑战

从实践层面看，我国的国家治理体系展现出了较强的治理能力与治理效能，并与我国社会主义初级阶段的基本国情相适应。但相比我国经济社会发展的要求，相比社会公众的期待，相比当今世界日趋激烈的国际竞争，相比实现国家长治久安，我们在国家治理体系和治理

---

① 唐皇凤. 中国特色现代国家治理体系的建构[N]. 中国社会科学报，2013-12-6.

能力方面还有一些不足，面临一些挑战。[①]

2.3.1　对政府治理路径的依赖

新中国成立后，受特定历史条件的影响，我国初步形成了具有政府、市场、社会领域合一的国家治理体系。这种治理模式可以在短期内产生超凡的治理效力，但由于过分强调政府权威、等级制度与治理效率，导致了市场活力的窒息、政府管控过严等后果，造成了政府严格排斥市场且全面控制社会的局面。十一届三中全会以后，我国在保持本国治理特色的基础上，借鉴西方发达国家治理结构与制度举措，走向了治理现代化转型的道路。然而，由于国家治理体系存在异质属性与路径依赖效应，新移植的西方治理模式有些内容并不能完全匹配原有的治理生态与制度安排，治理结构整体处于一种矛盾摩擦不断的磨合状态。为了维持政治、社会秩序与保证治理的有效性，政府自觉不自觉地扩大行政权力的行使范围，不满足于中立者与利益协调者的角色，跃居市场与社会等治理主体之上，从而一定程度上产生了政府治理的"越位""错位""缺位"的现象。

2.3.2　市场治理机制不完善

改革开放以后，我国引入市场治理机制、重视市场的治理主体地位，转向竞争与分权的竞争性治理体系的构建，进入了以经济建设为中心的发展型国家治理时期。由于市场治理理念难以在短时间内融入社会的习惯、伦理价值等非正式制度，转轨中的市场治理是在制度设计、调整和执行不稳定与不确定的条件下展开的，我国的市场治理无论是在理论认识层面还是在实践操作层面都存在许多亟待解决的问题。市场治理机制的正常发挥以及市场治理失灵的破坏性预防和纠正

---

① 王卓君，孟祥瑞.全球视野下的国家治理体系：理论、进程及中国未来走向[J].南京社会科学，2014，（11）.

两个方面都需加强。因此，如何完善社会主义市场经济体制，完善市场治理结构及其制度安排，防止"一放就乱、一管就死"，是进一步全面深化改革，构建现代国家治理体系必须破解的难题。

2.3.3　社会多元治理基础薄弱

良好的国家治理体系应是政府、市场与社会三者各归其位，政府治理、市场治理与社会治理相互耦合且界限明确，给社会以足够的自治空间，让社会按照自身的逻辑和法则自我管理、自我服务、自我涵养。西方一些国家在发展过程中，随着宏观法律制度环境的改善，国家权力逐渐从有些领域退出，社会组织建设与社会治理模式开始复兴，公民社会迅猛发展。但是，我国公民社会赖以生存的治理生态环境仍处于不断变化与转轨之中，仍然具有过渡性、演变性和不成熟性的特性。我国社会各类自组织不够健全，参与社会治理的主体比较匮乏，发育也不成熟，参与社会治理的能力比较弱，并且公信力和影响力不足，我国公众普遍存在着对政府或政府延伸机构的惯性依赖，没有形成"政社共治、官民协同"的治理结构[①]。由此，社会多元治理基础薄弱已经成为转型期构建现代化国家治理体系的突出难题。

2.3.4　个体的自觉自律不到位

在现代国家治理体系中，个人既是社会的基本细胞，也是国家的公民，要承担一定的社会责任和政治责任。但是，受各种思潮和个人利益的影响，有些公民存在社会生活知识和素养匮乏、对于公共利益期望淡化、对于公共责任忽视、不合作情绪滋长、与政府"两极"态势等问题，个体自觉性差、公民意识差，在强烈追逐经济利益的大潮中，个体容易唯利是图、自私自利，既不承担社会责任，也不承担政治责任。当前我国处在现代化的转型期，在全球化时代，文化价值的

---

① 桑玉成.论现代国家治理体系的建构[J].思想理论教育—专题研讨，2014，（1）.

多元，个体的现代自觉自律问题已经成为中国向现代文明国家转型、向国家治理现代化转型中的突出问题。[①]

2.4　推进国家治理体系现代化的应对策略

推进国家治理体系现代化，需要超越组织和群体的局部利益，从国家战略的高度统筹协调涉及国家治理的各种重大关系来考虑应对策略。[②]

2.4.1　培育和创新现代国家治理理念

传统价值体系向现代价值体系的转换是我国国家治理体系现代化的起点，通过建设和完善社会主义核心价值体系以塑造改革共识，是我国国家治理体系现代化的首要前提。创新国家治理理念，要在全面、协调和可持续的科学发展观指引下，以实现社会和谐为目标，促进经济和社会之间、城乡之间、地区之间的协调发展，最终实现人与自然、人与社会、人与人、自然与社会之间的和谐发展。同时，构建适应现实中国国情与特定社会、历史、文化生态条件的价值观，把社会公正、公共福利置于与经济效率、增长和发展、秩序与稳定同等重要的地位。塑造新的改革共识，实现人民幸福而有尊严的生活，营造富有正义感和安全感的生活环境，积极培育充满生机与活力的现代社会，是我国国家治理体系现代化的理念之根与价值之源。

2.4.2　建立健全现代国家制度体系

国家治理体系现代化必须依靠制度推动。构建符合中国国情、与社会主义市场经济相适应、与国际先进管理经验相衔接的现代制度体

---

① 丁志刚. 全面深化改革与现代国家治理体系[J]. 江汉论坛，2014，（1）.

② 唐皇凤. 中国国家治理体系现代化的路径选择[J]. 福建论坛·人文社会科学版，2014，（2）.

系，增强社会主义制度体系的自我完善能力，是我国国家治理现代化的核心内容。具体包括：制度设计坚持以人为本的价值理念，把经济增长、社会进步与促进人的全面发展结合起来；加快现代国家制度体系建设的步伐。通过有效的体制变革和机制完善，进一步确保制度功能的充分发挥，在形成系统完备、科学规范、运行有效的制度体系的基础上，使各方面制度更加成熟；寻求集权型与分权型治理制度的均衡，在维护中央统一权威的基础上实现地方政府适度的自主治理。加快转变政府职能，深化财税体制改革，实现公共政策的普遍统一性与地方实际情况多样性的均衡。推进执政方式现代化，实现民主和法治的国家治理，为改革开放和社会主义现代化建设提供坚强政治保证。

2.4.3　创新国家治理的方式方法

推进国家治理体系和治理能力现代化，必须创新国家治理的方式，主要包括：推进多个维度上主体分开，包括政治与行政、行政与法律、政府与企业和市场、政府与事业单位和社会组织的分开。推动国家治理法治化，变整治为疏导，变刚性为柔性，通过契约化、市场化和竞争机制、程序化和科技手段等，创新治理方式。以构建法治体系为基础工程，完善我国特色社会主义法律体系，培育社会主义法治文化。处理好政府和市场的关系、政府和社会的关系、政府和公民的关系，处理好民主和集中的关系、法治和人治的关系、个人意志和制度制约的关系。做到法治与德治的统一，管理和服务的统一，常态管理与非常态管理的统一。构建合理的治理结构，不断提高治理结构的开放性、包容性、回应性，在发挥政府治理主体作用的同时，进一步发挥市场主体、社会组织、公民个人的治理作用。

2.4.4　发挥多元治理主体的作用

国家治理体系和治理能力现代化最重要的标志，就是多元合作管理，强调共同发挥执政党、政府、市场机制、社会组织、公民的作用。

进一步放权和分权，让各个治理主体在国家治理中发挥更大的作用，从一元单向治理向多元交互共治，做到党和政府的领导与多元主体参与公共事务管理的统一，构建国家—市场—社会之间的良性互动机制。①

2.5 保险与国家治理的关系

保险的思想与国家治理理念相契合，保险的使命与国家治理宗旨相一致，保险的机理与国家治理机制相匹配。我国国家治理体系现代化面临的种种挑战和现实中遇到的问题，凸显了把保险机制纳入国家治理体系的必要性和重要性。善用保险机制，提高保障倍数，对落实国家治理体系和治理能力现代化的举措可起到良性的推动和有效的支撑作用，保险业发展与国家治理现代化能够实现良性互动。国家治理包罗万象，其最重要的无非是国防、外交、政治、经济发展、生态治理、民生保障等领域。保险业并非在所有领域都能发挥重要作用，但其在民生保障领域的作用是毋庸置疑的。

2.5.1 国家治理需要嵌入保险机制

就保险而言，本质是互助共济，它不仅具有鲜明的经济学属性，而且与政治学也有着历史渊源。西方一些著名的政治学学者曾经提出过"替代性正义"理论，该理论中设计了一个假想的保险方案，用以补偿那些在自然资质方面处于劣势地位的人们，这种假想的保险方案对于思考如何实现公平合理的国家治理极富启发意义。除了政治哲学层面，保险与现实中的国家治理之间也具有密切的联系。保险不是普通的商品，它是市场经济的产物，需要健全的政治制度、产权制度等作为保障。我国改革开放实现的主要目标除了经济和社会的快速发展之外，还有政治、经济、社会、生态的和谐稳定。前一个目标的实现

---

① 方涛.国家治理体系和治理能力现代化：内涵、依据、路径[J].观察与思考，2015，（1）.

并不必然带来后一个目标的实现，甚至还可能会出现相反的结果或衍生出一些新的问题，比如与经济社会快速发展相伴随的往往是贫富差距的拉大、矛盾冲突的增多和其他各种社会不稳定因素，而这又可能会反过来损害政治、经济、社会、生态的可持续健康全面发展。保险业经营的是风险，在经济社会快速发展的过程中发挥稳定、对冲、补偿机制的作用。我国的社会稳定机制系统包含了一系列风险管理制度的安排，如安全生产管理、国家巨灾风险管理、国家救济、社会保险、商业保险、社会互助、慈善公益、国际援助等。其中，保险在这个机制中发挥着关键性的作用，特别体现在对风险管理、事故预防、灾害救助、损失补偿和理财服务等方面有其他行业不可替代的机能和作用。

2.5.2　保险功能提升和完善国家治理

现代保险服务业具有保障功能、资金融通功能和社会管理功能，是实现商业保险与社会保障有效衔接、保险服务与社会治理相互交融、商业机制与政府管理密切结合的产业，是现代经济的重要产业和风险管理的基本手段，也是社会文明水平、经济发达程度、社会治理能力的重要标志。其作用主要体现在：现代保险服务业是完善金融体系的支柱力量，改善民生保障的有力支撑，创新社会管理的有效机制，促进经济提质增效升级的重要动力和转变政府职能的重要抓手。现代保险机制的引入可破解经济、社会、民生等领域的一些重点、难点、焦点问题，在"全面建成小康社会、全面深化改革、全面依法治国、全面从严治党"新的国家治理进程中，通过拓展保险的供应链，融入国家治理的生态链，发挥更大作用。国家各级政府机构、企业事业单位、社会组织乃至个人善用保险的机制、方法管理风险，通过对保险更大力度、更深层次的应用，既推动保险业健康发展，又为政治、经济、社会、生态以及个人提供有力保障，应该是各个治理主体、客体、利益关联方共同追求的愿景。通过不断提升保险密度和保险深度，让人们过上有保障的幸福生活，将会是今后国家孜孜不倦所追求的目标，也将是保险对国家治理的重大贡献。

第3章

国内外社会保险发展历程

3.1 国外社会保险发展及启示

3.1.1 社会保险起源及发展历程

1. 社会保险起源

现代社会保障制度从形成到发展再到兴盛已有近二百年的历史，已经成为现代文明社会的重要标志之一。从世界范围来看，已经有170多个国家和地区建立了社会保障制度。社会保障制度包括社会保险制度、社会福利制度、社会救济制度等，其核心是社会保险制度。

1601年，英国女王鉴于国内圈地运动等导致国内大批农民失去土地沦为贫民，造成社会动荡，颁行了世界上第一部有保障救济意义的《济贫法》。这是现代社会保障制度的萌芽。第一个建立社会保险制度的是后起的资本主义国家——德国。19世纪末，德国相继颁布了《疾病保险法》《工伤事故保险法》《老年和残障保险法》等，以及后来的《社会保险法》和《失业保险法》等出台，标志着世界上第一个最完整的保险体系的建立，现代社会保险制度产生。1935年美国国会通过了综合性的《社会保障法》，"社会保障"一词由此产生，它标志着现代社会保障制度的形成[①]。

2. 国外社会保险制度的发展

国外社会保险制度的发展主要经历了以下几个阶段：

（1）萌芽阶段

16 世纪前后，以英国为首的欧洲各国进入工业化早期，伴随着圈地运动，大量农民失去土地沦为贫民，引发诸多社会矛盾，政府被迫考虑救济贫民问题。1601 年，英国政府颁布伊丽莎白《济贫法》（也称旧《济贫法》），标志着社会保险制度的萌芽[②]。这是人类历史上第一部社会保险法规，规定政府有义务对贫民进行救助，保障其基本生存权利。旧《济贫法》确认国家是责任主体，但是救助对象有限，救助水平较低。

（2）形成阶段

19 世纪末，德国首相俾斯麦根据国内形势先后颁布了三项法案，分别是：1883 年颁布的《疾病保险法》，1884 年颁布的《工伤事故保险》和 1889 年颁布的《老年和残障保险法》，这三项法案成为当时世界上第一份比较完备的工人社会保障计划。这三项法案受到工人普遍欢迎，有力地促进了德国经济的发展。德国的现代社会保险制度从性质上看，是通过立法的形式明确了保障对象的权利与义务，从内容上涵盖了疾病、工伤和老年三项劳动者所面临的最主要的社会风险，从体制上明确了权利与义务相统一，以交费作为享受保险的条件，保险费用多方共同负担等现代社会保障制度所具备的基本原则。因此这种社会保险制度比社会救济制度更具现代意义，成为现代社会保障制度诞生的标志。[③]

（3）发展阶段

受 1929—1933 年世界经济危机的影响，美国经济遭到重创，大量

---

① 王星宇. 中国的社会保障制度如何更好地实践公平与效率[J]. 东方企业文化，2013，（10）：187—188.

② 袁弋腇. 从贫民救济到国家福利——英国社会福利政策历史透视[D]. 云南师范大学硕士论文，2006.

③ 李宏. 德国的社会保险制度概况及其危机与改革[J]. 技术经济，2007，（5）：113—116.

工人失业,银行倒闭,社会动荡,传统的社会救济根本无法解决问题。美国总统罗斯福根据凯恩斯经济理论,开始大力干预经济,实施社会保障。1935 年 8 月,罗斯福总统签署《社会保障法》,美国历史上第一部社会保障法典生效。基本内容是失业保障、老年保障和各种津贴。这部法律,不仅在实践中基本解决了美国社会面临的失业和老年问题,而且在理论上第一次提出了"社会保障"概念,使社会保障从形式到内容都更加完整和统一。这是世界上第一部完整的社会保障法,标志着西方现代社会保障制度的进一步完善。此后各国纷纷建立社会保障制度。

（4）完善阶段

第二次世界大战时期,英国的伤、残、病、死、穷等问题特别突出,丘吉尔首相委托剑桥大学经济学院院长贝弗里奇教授研究社会保障计划。1942 年,贝弗里奇完成了他的研究报告:《社会保险及相关事务》(也就是著名的《贝弗里奇报告》),提出建立全社会的国民保险制度,国家对公民提供从摇篮到坟墓,即从生到死的一切安全保障。1944 年英国开始制定社会保障计划,到 1948 年,社会保障体系全面完成。《贝弗里奇报告》使社会保障性待遇首先被作为公民的一项基本权利得以确立,较为完整的现代社会保障制度的结构与轮廓得到开创性的界定。此后各国均宣布实施"普遍福利"的政策,社会保障进入了全面发展和完善时期。[①]

（5）调整阶段

20 世纪 80 年代起,发达国家经济结束了"黄金"发展期,经济增长速度开始放慢,高福利的社会保障使各国政府不堪重负。同时,社会保障制度本身也开始呈现出一些问题,比如一些国家的人情愿失业而不愿意就业等。因此,各国政府开始着手对高福利社会保障体系实施改革与调整,政策包括提高退休年龄、增加社会保障税收、削减社会保障支出、社会保障私营化等。[②]

---

① 郭爽. 对完善我国东北地区农村社会保障制度的研究[D]. 东北师范大学硕士论文,2008.

② 费兰玲. 关于我国社会保障实行税费分征的研究[D]. 合肥工业大学硕士论文,2008.

3.1.2 国外社会保险主要模式

1. 自保公助型

（1）自保公助型含义及特征

自保公助型社会保障模式起源于德国，随后被美国、日本以及西欧国家效仿。这种模式在立法基础上，遵循效率与公平相结合原则，在资金筹集方面多体现自我保障，辅助以国家补偿机制，为公民提供一系列基本生活保障。[①]

这一模式的特征简要概括为"个人交纳，多寡灵活，国家资助"，具体来说有以下几个特点：政府通过有关立法，作为实施依据；保险具有强制性，采取个人和用人单位共同缴费，政府依法予以补助的方式；公民只有在履行交费义务取得享受资格后，才能领取养老保险津贴[②]；覆盖面广，囊括了全体公民。

"自保公助型"强调的是效率，将公平放在了第二位。由于保险基金来源多元化，政府负担的责任较少，在一定程度上体现了权利与义务对等的原则。但也存在着入不敷出，财政赤字日益扩大的问题。

（2）典型国家运行情况

①德国

第二次世界大战使德国整个国家和社会遭到重创，社会保障制度也被摧毁。直到 1949 年颁布新的社会保障法后，社会保障制度在德国才逐渐恢复，并随着经济迅速恢复而获得了较大发展。目前，德国已成为西方主要"福利国家"之一，形成了一个完整的、内容十分广泛的社会保障制度的基本架构——社会保障利益平衡体系[③]。该体系由两个基本部分组成。

---

① 赖艳. 论我国社会保障新文化的构建[D]. 江西财经大学硕士论文，2009.

② 季苏清. 失地农民社会养老保险问题研究——以张家港为例[D]. 同济大学硕士论文，2007.

③ 张熙凤. 社会保障立法目标模式的差异性分析[J]. 西安石油学院学报（社会科学版），2003，（4）.

第一部分是以社会保险为主体，以社会照顾、社会救济、家庭与教育补贴等为辅的制度体系；

第二部分是以共决权为中心的劳资合作制度，包括共决权、劳资协商自治和雇员保护等。需要强调指出的是，社会保险是社会保障制度的核心，也是所谓"福利国家"的最主要内容。劳资合作制度的重点在于协调劳资矛盾，建立雇主和雇员之间和谐、理智的"社会伙伴"关系。①

德国社会保障体系特点主要有：制度设计上贯彻"资金自助"的原则，同时兼顾公平与效率，而且在社会管理上高度自治。

②美国

美国社会保障制度由社会保险、社会福利、社会救济三部分组成。自20世纪30年代建立保障制度以来，已形成庞大的社会保障体系。

美国社会保障制度的主要特点是：选择性保障、效率优先、发挥私人保险作用、内容广、程度低。强调"自助"，即社会福利基金基本上由个人提供。此外还强调社会福利制度具有私人保险的特征，应由企业和职工自己出钱办理。②

美国多支柱养老保险框架：最早出现的是雇主养老金计划，然后是政府强制性养老金计划，最后是个人储蓄养老金计划。法定养老保险是只对老年、遗嘱和残疾人的社会保险，具有强制性、贡献性和福利性。退休和医疗保险基金有正常来源渠道，能自我消化和自我调整，其覆盖面包括企业的雇员。③美国没有全国性的医疗保险计划，政府只为老年提供医疗照顾项目和为重病人及穷人提供补助计划。

美国的一些人寿保险公司除经营人寿保险、财产保险、死亡保险外，还大力经营集体和个人自愿投保性质的私人退休金保险，作为法定退休保险的补充。集体退休保险，由企业雇主为雇员投保，根据企业经营好坏和雇员个人情况投保可多可少，雇员退休后逐月领取。政府通过对退休保险金免税手段予以支持。并通过投资获取的利润，用

---

① 曹婉莉.战后德国劳资合作制度及其社会调控作用[J].绵阳师范学院学报，2005，（3）.

② 韩俊江.中国社会保障制度完善研究[D].东北师范大学博士论文，2007.

③ 马丽超.我国商业保险与社会保险立法衔接问题研究[D].中国海洋大学硕士论文，2010.

来弥补膨胀使投保金额贬值的问题，以保证退休者收入，增强老年人的社会保障感。[①]

2. 国家福利型

（1）国家福利型含义及特征

国家福利型社会保障制度来源于福利国家的福利政策，起源于英国，而后被北欧各国采纳[②]。这种社会保险制度是在立法的基础上，由国家充当社保制度的主体，由财政负担主要资金来源，保障范围广泛、项目齐全且水平较高，充分体现公平的一种制度安排。

国家福利型社会保障制度主要特征是：实行收入所得再分配，使社会财富不集中于少数人手里；实行充分就业，使人人有机会就业；实行全方位社保制度，保障对象全覆盖，各种保险制度不局限于被保险人本人，且推及家属，以"普遍性"和"全民性"为原则，目标是维护社会成员一定标准的生活质量，加强个人安全感；个人不用缴费，福利开支由政府和企业负担；保障项目齐全，包括"从摇篮到坟墓"的一切保障，标准也较高。

（2）典型国家运行情况

①英国

英国的社会保障制度是一个全方位、高福利的发展模式，其社保支出占国内生产总值的比例大、增长快。社会保障项目有40多种，可谓是从"摇篮到坟墓"的全方位保障，在给社会成员带来高福利的同时，也带来一系列的弊端。一是为求得"公平"牺牲了"效率"。一些人享受社会保险不再愿意工作，"养懒汉"现象屡见不鲜，因此失业率居高不下。二是税收加重，政府财政困难。随着人口老龄化的加重，英国养老金的支出有增无减，医疗保险费用也大幅上升，政府负担日益沉重，只能依靠加重税收维持现状，这就导致一些企业家转向国外投资，国内投资减少，储蓄率下降，对外竞争力减弱。[③]

---

① 马丽超. 我国商业保险与社会保险立法衔接问题研究[D]. 中国海洋大学硕士论文，2010.

② 董伦. 现代社会保障模式及其影响因素分析[J]. 湖北广播电视大学学报，2008（3）：92—93.

③ 徐婷婷. 福利国家制度对中国社会保障的启示[J]. 科技信息（科技教育版），2006，（5）.

②瑞典

英国被认为是"福利国家"的创始者，但瑞典将其改革创新，以其完整的社会保障制度和最高的社会保障水平取得"福利国家橱窗"的称号。瑞典社会保障制度建立在公民普遍权利之上，侧重于公民福利分配，全民一律享受。较为广泛和优厚的公共补贴制度与社会保险结合构成了平等程度较高、标准也高的保障制度。瑞典还将社会福利法制化，给个人所应享受的福利待遇和所应承担的义务都是非常明确的。享受人一般不需要直接缴纳社会保险费用，费用大部分由政府和雇主承担。这种制度在带来高福利的同时也给政府带来沉重负担，政府维持这一制度所遵循的高税收、高消费、高福利的原则与人口老龄化严重的情况不适应，造成福利支出拮据。高税率加重了劳动年龄人口的负担，使代际矛盾突出，劳动积极性下降。[①]

3. 自我积累型

自我积累型社会保障制度设计目的是着重体现效率和激励，由国家立法强制规定雇员一方或双方必须缴纳社会保障费用，形成基金积累应对养老、医疗等支出的一种制度。

（1）中央公积金制度

本制度的典型代表国家：新加坡。新加坡认为西方的福利型社会保障制度不利于调动社会积极性，主张"授以渔"而非"送以鱼"，建立了独特的完全积累型社会保障制度，也被称为中央公积金制度，认为既可消灭贫穷，又能充分激发人们的劳动积极性。社会保障基金由中央公积金局管理，每个公民都有属于自己的公积金账户。

这种制度具有较强的激励作用，主要特点是：强调自我保障；资金的筹集全部由雇主和雇员按规定的一定比例支付，其使用和管理有严格的法律程序；以福利为主、社会保障为辅，但是制度不具备再分配和互助功能，只具有财富积累的功能。

（2）储蓄积累型制度

本制度的典型代表国家：智利。智利养老保险制度的基本内容可

---

① 韩俊江. 中国社会保障制度完善研究[D]. 东北师范大学博士论文，2007.

概括为：政府实施立法和监控，民营机构具体操作，个人账户强制储蓄，政府承担最终风险[①]。

储蓄积累型制度有两个显著特点：一是建立个人账户。参加保险的人员有自己专门的养老金账户，自己按月缴纳养老金，雇主不缴费。缴费者自主选择一家具有资质的养老金管理公司负责运营基金使其保值增值，退休待遇根据自己账户积累而定。这一方式的特点是，个人的缴费与退休的待遇水平直接相关，能够激励个人工作和缴费的积极性。此外，个人还需按工资的 3%购买伤残和遗嘱保险，支付个人账户的管理费和佣金等费用。[②]如果个人账户养老金由于不能足额缴费或投资失败造成养老金支付出现问题，则由政府财政部门兜底，支付最低养老金。二是民营机构运作。养老金的收入、支出、投资等工作均由养老金管理公司负责。养老金管理公司是专门为运作养老金而成立的股份公司，性质为民营机构。养老金管理公司只能从事养老金及相关业务。参加养老保险体系的成员可以自由选择养老金管理公司，并可以更换。[③]

3.1.3　国外社会保险发展的启示

从各国实践来看，社会保险制度虽然存在一些差异，但在制度建设中都普遍具有如下基本特点。

一是强制性。从世界范围看，现有社会保险制度的国家都是通过立法确立并强制实施的，主要是基于它的制度特性与利益协调的需要。强制性保证了社会保险制度的公平性与互助共济性。

二是公平性。从世界范围看，各国社会保险都是维护劳动者权益、实现劳资利益与国民福利合理配置的重大制度安排，它因覆盖全体劳动者并能够惠及其家属而维护了人在发展过程中的公平。因此，在社会保险制度中，强调打破各种身份限制，公平地对待每个劳动者并确

---

① 白全民. 我国养老保险基金管理模式及投资策略分析[D]. 中国海洋大学硕士论文, 2008.
② 吴洁. 智利养老保险改革经验的启示[J]. 商业经济, 2006, (2)：27—28, 33.
③ 施岚. 我国社会养老保险筹资模式及制度可持续性研究[D]. 南开大学硕士论文, 2008.

保其实现相应的社会保险权益。

三是责任分担。社会保险制度强调责任分担，劳资双方分担缴费义务以及政府参与分担一定责任，这也是各国社会保险制度通行的规则。责任分担是社会保险制度得以持续发展的基本条件[①]。

四是权利义务相结合。社会保险制度强调参保人权利与义务相结合，只有履行了相应的义务才能享受相应的权益。坚持参保人个人权利义务相结合原则，正是缴费型社会保险制度与纳税型全民福利制度的重要区别，它要求全体参保人均有清晰的缴费记录与待遇给付对应关系，这构成了社会保险管理与经办中的实质内容。

西方福利型社会保险经过百年发展，取得了巨大的成绩，但是诸多问题开始显现，甚至开始威胁社保体系的可持续发展。首先，要维持福利高水平运转，要组织一支从中央到地方的庞大公共服务队伍，使官僚机构日趋臃肿。其次，日益增加的社会福利和逐渐加重的政府捐税导致劳动力成本提高和生产效率的降低。最后，社会保障制度促使政府部门占有日益扩大的经济资源，从而限制了私人市场经济的发展。同时，高昂的累进所得税和丰厚的社会福利，也削弱了劳动者的进取精神，降低了劳动者勤劳致富的工作欲望。如今的西方国家，工作时间不断缩短，带薪假期不断延长。素以勤劳闻名的德国人，平均每人每周只工作 35 小时。

国外社保体系出现的种种问题值得我们深入思考，对我国社保体系发展带来颇多启示。

首先，建立多支柱社会保险体系。西方发达国家社会保险的历史变迁告诉我们，在经济发展到一定水平时，职工个人自我保障能力加强，为储蓄型社会保险创造了条件。因此，我国在建立覆盖全社会的基本社会保险体系的同时，要大力发展职业年金计划，提升社会效率，逐步形成多支柱社会保险体系，维护社会公平，促进社会稳定，实现经济和社会可持续发展的基本目标。

其次，建立兼顾公平与效率的社会保障制度。保持适度的社会保

---

① 张逦. 中国社会保险经办机构立法问题研究[D]. 华中科技大学硕士论文，2010.

障水平，并使之与经济协调发展。我国目前应选择偏重保险型的社会
保障模式，未来要逐步向储蓄型社会保障模式过渡。

此外，在坚持"全覆盖、保基本、多层次、可持续"总方针的基
础上，大力培育资本市场，鼓励和引导社会资源参与社会保障制度建
设，提高社会保障管理的效率。

3.2　我国社会保险的发展及趋势

3.2.1　我国社会保险体系主要内容及作用

目前，我国社会保险体系主要包括养老保险、医疗保险、工伤保
险、失业保险、生育保险五大险种。

养老保险。养老保险是劳动者在达到法定退休年龄退休后，从政
府和社会得到一定的经济补偿，包括物质帮助和服务的一项社会保险
制度。国有企业、集体企业、外商投资企业、私营企业和其他城镇企业
及其职工，实行企业化管理的事业单位及其职工必须参加基本养老保
险。参加基本养老保险的个人劳动者，缴费基数在规定范围内可高可低，
多缴多受益。职工按月领取养老金必须是在达到法定退休年龄，并且
已经办理退休手续；所在单位和个人依法参加了养老保险并履行了养老
保险的缴费义务；个人缴费至少满 15 年。基本养老金由基础养老金和
个人账户养老金组成，个人账户基金用完后，由社会统筹基金支付。

医疗保险。城镇职工基本医疗保险制度是根据财政、企业和个人
的承受能力所建立的保障职工基本医疗需求的社会保险制度。所有用
人单位，包括企业（国有企业、集体企业、外商投资企业和私营企业
等）、机关、事业单位、社会团体、民办非企业单位及其职工，都要参
加基本医疗保险，城镇职工基本医疗保险基金由基本医疗保险社会统
筹基金和个人账户构成。基本医疗保险费由用人单位和职工个人账户
构成。基本医疗保险费由用人单位和职工个人共同缴纳。

工伤保险。劳动者由于工作原因并在工作过程中受意外伤害，或因接触粉尘、放射线、有毒害物质等职业危害因素引起职业病后，由国家和社会给负伤、致残者以及死亡者生前供养亲属提供必要物质帮助。工伤保险费由用人单位缴纳，对于工伤事故发生率较高的行业工伤保险费的征收费率高于一般标准，一方面是为了保障这些行业的职工发生工伤时，工伤保险基金可以足额支付工伤职工的工伤保险待遇；另一方面，通过高费率征收，使企业有风险意识，加强工伤预防工作，使伤亡事故率降低。

失业保险。失业保险是国家通过立法强制实行的，由社会集中建立基金，对因失业而暂时中断生活来源的劳动者提供物质帮助的制度。各类企业及其职工、事业单位及其职工、社会团体及其职工、民办非企业单位及其职工，国家机关与之建立劳动合同关系的职工都应办理失业保险。失业保险基金主要是用于保障失业人员的基本生活。

生育保险。生育保险是针对生育行为的生理特点，根据法律规定，在职女性因生育子女而导致劳动者暂时中断工作、失去正常收入来源时，由国家或社会提供的物质帮助。生育保险待遇包括生育津贴和生育医疗服务两项内容。生育保险基金由用人单位缴纳的生育保险费及其利息以及滞纳金组成。女职工产假期间的生育津贴、生育发生的医疗费用、职工计划生育手术费用及国家规定的与生育保险有关的其他费用都应该从生育保险基金中支出。所有用人单位（包括各类机关、社会团体、企业、事业、民办非企业单位）及其职工都要参加生育保险。

作为国家的"安全网"和"稳定器"，社会保险制度在保障人民生活幸福安康、促进社会和谐稳定、维护国家长治久安等方面发挥了巨大作用。坚持大数法则，互助互济，企业有为劳动者参加各项社会保险缴费的法定义务，劳动者通过参加社会保险实现和保护自己的福利和权益，确保劳动者老有保障，病有所医，工伤、失业有保障。在维护劳动者福利权益的同时，调节劳资双方的利益关系，有效地增强了劳动者的安全感与安全预期，解除了劳动者的后顾之忧，构建了和谐劳动关系，维护并促进了社会公平、和谐稳定，成为国家经济社会持续、健康发展的强大基础和支撑。

3.2.2　我国社会保险体系发展及趋势

1. 我国社会保险体系发展历程

作为社会保障最重要组成部分的社会保险，在不同的时期的具体目标、内容和实现的方法皆有所不同。从发展历程来看，可划分为以下几个阶段：

（1）创建时期（1949—1956 年）

1951 年政务院颁布了《劳动保险条例》，目的是在企业中推行劳动保险和福利等社会保障制度，随后机关和事业单位职工的劳动保险制度与福利制度也相应建立。1953 年政务院根据出现的新情况对条例做了修订。修订后的条例，对保险金的征集与保管，因公负伤、残废待遇，疾病、非因工负伤、残废待遇，养老待遇、生育待遇，都做出了明确规定。这一条例的颁布，标志着新中国社会保障制度的诞生。到 1956 年，初步创立了以国家为责任主体的，面向城镇居民的基本社会保障制度。[①]

（2）调整时期（1957—1968 年）

为适应形势的发展，根据我国经济建设的实际情况，国家对原社会保障制度中不明确的地方做出了较为详细的规定。1958 年 2 月和 3 月，国务院分别公布了《关于工人、职员退休处理的暂行规定（草案）》和《关于工人、职员退职处理的暂行规定（草案）》，将原来分别规定的国营企业工作人员的养老待遇与国家机关、事业单位工作人员的养老保险待遇合并，建立了包括这些人员在内的统一的退休和退职待遇。同时，国家还对退休、退职人员的不同情况做出了不同标准的规定。[②]在农村医疗保障方面，1959 年 11 月，根据部分地方开展的农村合作医疗取得的良好效果，卫生部召开全国农村卫生工作会议，肯定了这项惠及农民的医疗制度。此后，合作医疗在农村得到了进一步发展，

---

① 朱海波. 城乡基本社会保障一体化研究[D]. 中共中央党校博士论文，2007.
② 朱海波. 城乡基本社会保障一体化研究[D]. 中共中央党校博士论文，2007.

在全国得到了推广，很大程度上解决了广大农民看病等医疗问题。

（3）停滞时期（1966—1976 年）

"文革"和极"左"路线给我国社保事业的发展带来了严重破坏，各项工作出现停滞甚至倒退。劳动保险由原来的社会统筹制蜕变为企业或单位保障制。其直接后果是导致"企业办社会和社会保障单位化"，将我国的制度分割成为国家保障制、企业保障制和乡村集体保障制三个相互封闭、脱节的模式。

（4）恢复期（1976—1986 年）

"文革"结束之后，党和国家将工作重点从政治运动转移到经济工作上，我国的社保制度得到了一定程度上的恢复，其作用和地位也被重新确立。《关于工人退休、退职的暂行办法》《关于安置老弱病残干部的暂行办法》《农村合作医疗章程（试行草案）》等法规的相继出台进一步完善了我国的社保体系。同时，国家还在部分地区开始了国有企业职工待业保险、集体企业职工养老保险及救灾保险等的改革试点。1986 年 7 月，国务院发布了《国营企业实行劳动合同制暂行规定》，明确了合同制工人的养老保险问题。总体看来，这一时期主要任务是解决历史遗留问题和恢复正常的社保制度。

（5）改革时期（20 世纪 80 年代后期—20 世纪末）

20 世纪 90 年代起，我国的社保制度进入了创新改革和加速发展时期。在城镇居民社保制度建设方面，20 世纪 90 年代起，多部社保法规相继颁布：1991 年国务院发布了《关于企业职工养老保险制度改革的决定》。1993 年党的十四届三中全会提出了在养老保险上实行社会统筹和个人账户相结合的原则，要求社会保障的建设要以公平与效率、社会互济与自我保障相结合。1995 年国务院下发了《关于深化企业职工养老保险制度改革的通知》。明确提出，到 20 世纪末，基本建立起适应社会主义市场经济体制要求，适用城镇各类企业职工和个体劳动者，资金来源多渠道、保障方式多层次、社会统筹与个人账户相结合，权利与义务相对应，管理服务社会化的养老保险体系。1997 年 7 月国务院发布了《国务院关于建立统一的企业职工基本养老保险制度的决定》，明确提出要在 1998 年底，在全国范围内实行统一的企业职工养老保险制度。1998 年国务院又出台《关于建立城镇职工基本医疗保险制度的规定》。[1]在此基础上，"低水平、广覆盖、多层次、双方负担、统账结合"成为当时社保体系建设的基本思路。

在农村社保建设方面，1987 年国家民政部颁布了《关于探索建立农村社会保障制度的报告》。1991 年 1 月，国务院正式决定由民政部负责开展建立农村社会养老保险制度的改革试点工作。民政部在总结各地实验探索农村社会养老保险制度经验的基础上，研究制定了《农村社会养老保险基本方案》，并于 1991 年 6 月在山东省组织了较大规模的试点。1995 年 10 月国务院办公厅转发民政部《关于进一步做好农村社会养老保险工作意见的通知》。在农民的基本医疗保障方面，1993 年，党的十四届三中全会决定明确指出要"发展和完善农村合作医疗制度"[2]。

（6）发展、完善时期（21 世纪以来）

进入 21 世纪，统筹城乡发展，建设社会主义和谐社会和社会主义新农村日益成为时代发展的需要。在此背景下，不断完善社会保障制度、保护广大人民群众的基本利益已经成为政府的优先任务。党的十七大以来，按照建立"普惠型"社会保障的要求，不仅把城镇的劳动者，婴幼儿，大、中、小学生，高龄无保障老人都纳入社会保障范畴，而且还由国家出一部分资金为农民建立新型农村养老保险、新型农村合作医疗。2009 年，国务院颁发了新型农村养老保险办法，全国农民与城镇劳动者实行一样的模式，即基础养老金和个人账户养老金两部分。从此，九亿多农民中 60 岁及以上的参保老人，享受到国家提供的基础养老金[3]。我国的社会保障开始从城镇向农村覆盖。

党的十八大提出了全面建成小康社会和全面深化改革开放的目标，明确指出要在改善民生和创新管理中加强社会建设。要求推动城乡发展一体化，统筹推进城乡社会保障体系建设坚持"全覆盖、保基本、多层次、可持续"的方针，坚持"增强公平性，适应流动性，保

---

① 朱海波. 城乡基本社会保障一体化研究[D]. 中共中央党校博士论文，2007.

② 罗筱璐. 浅析我国养老保险制度[J]. 企业文化（下旬刊），2013，（1）.

③ 朱海波. 城乡基本社会保障一体化研究[D]. 中共中央党校博士论文，2007.

证可持续性"的重点，全面建成覆盖城乡居民的社会保障体系。近年来，我国社会保险体系朝着城乡统一的一体化目标继续迈进。将城镇居民养老保险和新型农村养老保险合并，建立城乡居民养老保险。取消"双轨制"，建立统一的城镇职工养老保险。探索城镇居民医疗保险同"新农合"合并建立城乡居民医疗保险等，我国社会保障体系建设已迈入新纪元。

2. 我国社会保险发展趋势

虽然我国社会保险体系建设取得了举世瞩目的成就，但不可否认，我们的社会保险体系还面临着诸多问题。一是尚有部分人群没有参保，其中私营企业、小微企业参加城镇职工各项保险的比率偏低，社会保险关系转移接续还不够顺畅，适应流动性不够等。二是待遇差距较大，公平性有待提高，多层次社保体系尚未建立。城乡之间、不同职业之间社保水平参差不齐，有的相差几倍甚至十几倍，很重要的原因就是我国社保制度碎片化，多层次社保体系尚未建立，水平依然是"保基本"。三是基金保值增值困难。基金保值增值渠道保守单一，收益过低导致参保人员利益受到损害。四是经办管理体制存在部门分割的状况。部分地方社保经办部门分割，如个别地方城乡居民医保同新农合仍隶属于不同部门经办，阻碍了良性发展。

此外，我们应清晰认识到，随着经济社会发展和人民生活水平的不断提高，单靠社会保险已经不能满足保障需求，对商业保险提高保障水平的需求日益迫切。因此，未来社会保险体系建设发展目标应该是，进一步完善各项社会保险制度，使广大人民群众更好地享有社会保障。维护社会公平，利用社会保险合理再分配社会资源。建立健全促进社会保险制度可持续发展的机制，推进多层次社会保险体系建设，鼓励用人单位为劳动者建立补充保险，大力发展商业保险。

社会保险和商业保险是两类在性质、目的、运作方式等方面都存在较大差异的社会安全保障方式。从功能和分工来看，社会保险覆盖全社会，是提供社会全体公民安全保障的基础；商业保险则是用以对社保不能覆盖的领域和保障程度不够的部分消费者提供保险。但是这并不意味着社会保险和商业保险是两种截然分开的保障方式[①]。

从国外实践看，近年来社保与商业保险相互结合、共同发挥作用的情况日益普遍，商业保险正在或者已经进入到社会保险领域，也正在影响社会保险的发展并且在更大的程度上发挥社会保障的作用[②]。一方面，在社保制度中，个体、企业、商业保险公司和一些社团组织通过各种形式参与新制度框架的设计或修改原有制度框架，在决策中发挥越来越大的影响力。例如美国和日本的保险模式，都是社会保险同商业保险相互融合，互为补充。另一方面，在商业保险领域，政府也有相当程度的参与。例如美国、英国、澳大利亚等发达国家，立法机构对企业年金制度中的补充养老计划制定了法律框架，明确了企业和雇主在补充养老保险制度中的法律义务，在政府税收制度中，一些国家也对商业保险公司执行的补充养老计划提供了一定程度的优惠措施。

从国内实践来看，尝试商业保险参与医疗保障体系建设比较有代表性的是"江阴模式"和"湛江模式"。"江阴模式"堪称医疗保险"商办"的典范，是商业保险为新型农村合作医疗保险制度提供经办服务的一种机制，其特点就是建立了科学的管理体系，即政府推动、商业保险寿险经办、卫生部门监管、医疗单位服务的完整的运作体系，形成了有竞争机制，有专业服务，有公平与效率，有服务水平的良好局面。"湛江模式"是在缴费不变的前提下，将城乡居民基本医疗保险个人缴费部分进行分拆，其中 85%用于基本医疗保险支出，15%用于购买商业保险公司的大额医疗补助保险。在这一过程中，地方政府同时把医疗保险的经办管理委托给商业保险公司，保险公司成为基本医疗保险的管理者和补充医疗保险的经营者。"湛江模式"的特色是建立了社保部门、定点医院与商业保险公司三方合作机制，同时建立了一体化服务、一体化就医支付结算、一体化资金预付和结算三位一体的一体化服务平台。这两种模式经过一段时间的运行和完善，取得了明显

---

① 张承惠. 国外社会保障与商业保险相结合的经验与启示[J]. 发展，2009，（4）：45—48.

② 马丽超. 我国商业保险与社会保险立法衔接问题研究[D]. 中国海洋大学硕士论文，2010.

成效：一是参保居民保障水平逐步提高，就医、诊疗、结算更加便捷；二是政府公共服务水平有效提升；三是医疗资源得到充分利用；四是商业保险实现经营目标。此外，河南和江苏南通在医疗保障方面引入商业保险作为补充，也取得了不错的效果。河南省自 2012 年实行大额补充保险，采用委托管理方式，即由基本医疗保险经办机构负责征收保费，代表参保人员集体投保，商业保险公司负责审核并支付医疗费。经过多年实践，大额补充保险作为基本医疗保险的重要补充，切实减轻了参保人员大额医疗费负担，取得了良好的社会效益。江苏省南通市在补充医疗保险方面，人社部门同商业保险机构合作，将住院补充医疗保险交予有资质的商业保险机构，经过运行，不仅用活了结余资金，而且提高了住院医疗保障水平。

在地方试点取得良好效果的基础上，自 2012 年以来，我国广泛开展了大病保险试点工作，全国 16 个省份全面推开，覆盖人口超过 7 亿，医疗保险水平显著提高，探索出了一条社会保险与商业保险相结合的特色之路。国务院总理李克强在 2015 年 7 月 22 日的国务院常务会议听取大病保险试点相关工作情况的汇报后指出："社会保障与商业保险相结合，是持续深化医改的重大创新。要发挥好政府投入'四两拨千斤'的作用，将社会保障的一部分资金用来购买商业保险，放大倍数优势。大病保险制度的探索，既包括社会保障体系构建，又包括把社会保障与商业保险相结合实现'兜底'，还包括织牢社会'安全网'，是功德无量的好事。"

我国社会保险同商业保险的合作经过了一些探索实践，尽管单就合作项目而言只是开放了其中一小部分，距离全面合作还有很长的路要走。但从合作实践结果来看，两险合作共赢的方向是正确的，也是未来发展的大趋势。2014 年，国务院发布《关于加快发展现代保险服务业的若干意见》指出，要"把商业保险建成社会保障体系的重要支柱"，明确了商业保险在社会保障体系中的角色定位。时隔一年，李克强总理的讲话进一步指明了我国社会保险和商业保险今后的发展目标和努力方向。因此，要不断增强商业保险在社会保障体制中的作用，为之提供更大的作用空间，通过政策支持商业保险公司能更好地为社

会保障体制服务，同时改善管理和监管，协调好商业保险和社会保险
两种运行体制的关系，使社会保险和商业保险发展成为我国现代国家
治理体系中的重要支柱。

第4章

国内外商业保险发展历程

4.1 国外保险业发展历史

保险的起源可以追溯到古代人类对抗自然灾害和意外事故中所萌生的风险分摊方式，在随后人类开始的城市集群和大航海时代中商品经济愈发活跃，催生了现代保险业的发展和变革，并伴随着商品经济和社会结构的发展和变化而逐渐发展成熟。当前，保险已经成为现代社会风险转移和财务安排的重要方式，在国家治理体系中发挥着越来越重要的作用。

4.1.1 保险起源

人类社会发展和不断开拓的进程中，群体性的社会组织活动快速发展，商品经济在大航海时代快速发展，其间所伴随的灾害事故成为主要的制约因素之一，为了减少、分摊相应的财产损失，海上保险、火灾保险及相应的人身保险逐渐成形。

1. 海上保险的起源及发展

一般公认保险是从意大利海上保险起源，主流的有共同海损起源说和船舶抵押贷款起源说。在长期的航海实践中逐渐形成了由多数人分摊海上意外事故所致损失的方式—共同海损分摊，这个原则后来被公元前 916 年的罗地安海商法所采用，并正式规定为："凡因减轻船只载重投弃入海的货物，如为全体利益而损失的，须由全体分摊归还。"共同海损逐步演化为保险制度，这就是共同海损起源学说。1384 年，在佛罗伦萨诞生了世界上第一份具有现代意义的保险单。1688 年，爱德华·劳埃德在伦敦塔街附近开设了一家以自己名字命名的咖啡馆。随着海上保险的不断发展，劳埃德承保人的队伍日益壮大，影响不断扩大。1871 年英国议会正式通过一项法案，使它成为一个社团组织——劳合社。到目前为止，劳合社的承保人队伍达到 14000 人。现今其承保范围已不仅是单纯的海上保险。①

目前，海上保险是货物运输保险的重要组成部分，包括海上货物运输保险和海上货物运输工具保险。海上保险为当时的殖民扩张发挥了重要作用，并在促进国际贸易便利化和经济的发展方面起到了积极作用。

2. 火灾保险起源及发展

火灾保险起源于 1118 年冰岛设立的"黑瑞甫"（Hrepps）社，该社对火灾及家畜死亡损失负赔偿责任。17 世纪初德国盛行互助性质的火灾救灾协会制度，1676 年，第一家公营保险公司——汉堡火灾保险局由几个协会合并宣告成立。但真正意义上的火灾保险是在伦敦大火之后发展起来的。1666 年 9 月 2 日，伦敦城被大火整整烧了五天，市内约 32 公顷的地域中有约 25 公顷成为瓦砾，占伦敦面积的 83.26%。在这种状况下，牙医巴蓬 1667 年独资设立营业处，办理住宅火险。1680 年他同另外三人集资 4 万英镑，成立火灾保险营业所，1705 年更名为菲尼克斯即凤凰火灾保险公司。在巴蓬的主顾中，相当部分是伦敦大火后重建家园的人们。巴蓬的火灾保险公司根据房屋租金计算保险费，并且规定木结构的房屋比砖瓦结构房屋保费增加一倍。这种依房屋危险情况分类保险的方法是现代火险差别费率的起源，火灾保险成为现代保险，在时间上与海上保险差不多。1710 年，波凡创立了伦敦保险

---

① 王绪瑾. 财产保险[M]. 北京：北京大学出版社，2012：18—19.

人公司，后改称太阳保险公司，接受不动产以外的动产保险，营业范围遍及全国。[①]

火灾保险是财产保险发展的基础，财产保险发展到今天，承保范围已不仅仅限于火灾风险，已经成为一个涵盖企业财产、家庭财产等多方面的保险责任广泛的险种。财产保险在及时发挥补偿作用，恢复企业正常生产，安定人们的生活等方面起到了积极作用。

3. 人身保险起源及发展

在海上保险的产生和发展过程中，也出现了人身保险。15世纪后期，欧洲的奴隶贩子把运往美洲的非洲奴隶当作货物进行投保，后来船上的船员也可投保。17世纪中叶，意大利银行家佟蒂提出了一项联合养老办法，这个办法后来被称为"佟蒂法"，并于1689年正式实行。著名的天文学家哈雷，在1693年以西里西亚的勃来斯洛市的市民死亡统计为基础，编制了第一张生命表，陶德森依照年龄差等计算保费，并提出了"均衡保险费"的理论，从而促进了人身保险的发展。1762年成立的伦敦公平保险社才是真正根据保险技术基础而设立的人身保险组织。[②]

人身保险发展到今天，已经是一个门类齐全、产品丰富的保险领域，涵盖人寿保险、意外伤害保险、健康保险等领域。人身保险在及时给付、防范各类人身风险、提高社会福利水平等方面发挥了重要作用。

4.1.2 保险种类

保险业伴随社会演变和活跃的经济活动而不断发展，伴随风险分摊和财务规划需求的增多而演变出了更多的保险种类和形式。

1. 人寿保险

人寿保险是人身保险的一种，简称寿险，是以被保险人的寿命为保险标的，且以被保险人的生存或死亡为给付条件的人身保险。和所

[①] 王绪瑾. 财产保险[M]. 北京：北京大学出版社，2012：19—20.

[②] 孙蓉，兰虹. 保险学原理（第三版）[M]. 成都：西南财经大学出版社，2010.

有保险业务一样，被保险人将风险转嫁给保险人，接受保险人的条款并支付保险费。与其他保险不同的是，人寿保险转嫁的是被保险人的生存或者死亡的风险。伴随经济发展和居民生活水平的日益提高，保险的储蓄和保值增值功能日益成为养老、子女教育方面财务安排的重要选择，保险产品的设计类型也日益丰富，比如逐渐衍生出的分红保险、万能保险、投连保险等，在一些发达保险市场，这些险种已经占据最主要的地位。

人寿保险按保险期限和责任可分为定期人寿、终身人寿、生存保险、两全保险、养老保险等。

2. 健康保险

健康保险是以被保险人的身体为保险标的，使被保险人在疾病或意外事故所致伤害时发生的费用或损失获得补偿的一种保险。健康保险按照保险责任，分为疾病保险、医疗保险、护理保险、失能收入损失保险等，按给付方式又可划分为给付型、消费型和津贴型。商业健康保险作为社会基本医疗保障体系的重要补充，随着人口老龄化、城镇化和医疗费用的快速增长而彰显了其补充医疗保险的作用。

3. 意外保险

意外保险即人身意外保险，又称为意外或伤害保险，是指投保人向保险公司缴纳一定金额的保费后，当被保险人在保险期限内遭受意外伤害，并以此为直接原因造成死亡或残废时，保险公司按照保险合同的约定向被保险人或受益人支付一定数量保险金的保险。意外险产品一般分为两类：意外伤害险和意外医疗险。意外伤害险的保险责任一般包含意外身故和意外伤残，有些"套餐"产品里，还会有乘坐公共交通工具的多倍赔付和烧烫伤赔付责任。意外医疗险的保险责任一般含有意外事故产生的门急诊医疗费用、住院费用的报销、意外住院补贴等。意外险的费率（价格）不是与被保险人的年龄相关的，而与职业相关。职业风险越高，意外险的价格也越高。如果职业风险过高，意外险的价格甚至会高于购买定期寿险。如果只求身故保障，可以考虑定期寿险。对意外医疗费的赔付往往容易产生纠纷。意外医疗险具有财产保险的损失补偿性质，如果被保险人从其他渠道获得了部分补偿，保险公司就只会承担剩下的费用。有的险种对意外医疗费用会有免赔额或免赔付比例。

4. 汽车保险

机动车辆保险即"车险"，是以机动车辆本身及其第三者责任等为保险标志的一种运输工具保险。其保险客户，主要是拥有各种机动交通工具的法人团体和个人；其保险标的，主要是各种类型的汽车，但也包括电车、电瓶车等专用车辆及摩托车等。机动车辆是指汽车、电车、电瓶车、摩托车、拖拉机、各种专用机械车、特种车。机动车辆保险的真正发展，是在第二次世界大战后，一方面，汽车的普及使道路事故危险构成一种普遍性的社会危险；另一方面，许多国家将包括汽车在内的各种机动车辆第三者责任列入强制保险的范围。因此，机动车辆保险业务在全球均是具有普遍意义的保险业务。大多数国家通过法律强制推行汽车保险，并衍生出第三者责任险、车身险、驾驶员意外伤害险、随身携带物品损失险、划痕险等险种。同时，汽车保险的投保和理赔技术也快速发展，如保险费因投保人的年龄、职业、领取驾驶执照的时间、驾驶习惯以及居住地区的不同而不同。

5. 责任保险

责任保险是继海上保险、火灾保险和人寿保险后，整个保险业发展的第三个阶段，即保险业由承保物质利益损失扩展到承保人寿风险后，又扩展到了承保各种法律风险。责任保险产生于 19 世纪的欧美国家，20 世纪 70 年代以后在工业化国家得到迅速发展。1880 年，英国颁布《雇主责任法》。当年即有专门的雇主责任保险公司成立，承保雇主在经营过程中因过错致使雇员受到人身伤害或财产损失时应负的法律赔偿责任。随着商品经济的发展，各种民事活动急剧增加，法律制度不断健全，人们的索赔意识不断增强，各种民事赔偿事故层出不穷，终于使责任保险在 20 世纪 70 年代以后的工业化国家得到了全面的、迅速的发展。在 20 世纪 70 年代，美国的各种责任保险业务保费收入就占整个非寿险业务收入的 45%—50% 左右，欧洲一些国家的责任保险业务收入占整个非寿险业务收入的 30% 以上，日本等国的责任保险业务收入也占其非寿险业务收入的 25%—30%。20 世纪 90 年代以后，许多发展中国家也日益重视发展责任保险业务。

6. 信用保险

信用保险是指权利人向保险人投保债务人的信用风险的一种保险，是一项企业用于风险管理的保险产品。其主要功能是保障企业应收账款的安全。其原理是把债务人的保证责任转移给保险人，当债务人不能履行其义务时，由保险人承担赔偿责任。

信用保险包括商业信用保险、出口信用保险、投资保险。

商业信用保险主要是针对企业在商品交易过程中所产生的风险。在商品交换过程中，交易的一方以信用关系规定的将来偿还的方式获得另一方财物或服务，但不能履行给付承诺而给对方造成损失的可能性随时存在。比如买方拖欠卖方货款，对卖方来说就是应收款项可能面临的坏账损失。

出口信用保险（Export Credit Insurance），也叫出口信贷保险，是各国政府为提高本国产品信用保险的国际竞争力，推动本国的出口贸易，保障出口商的收汇安全和银行的信贷安全，促进经济发展，以国家财政为后盾，为企业在出口贸易、对外投资和对外工程承包等经济活动中提供风险保障的一项政策性支持措施，属于非营利性的保险业务，是政府对市场经济的一种间接调控手段和补充。

投资保险又称政治风险保险，是承保投资者的投资和已赚取的收益因承保的政治风险而遭受的损失。投资保险的投保人和被保险人是海外投资者。开展投资保险的主要目的是为了鼓励资本输出。作为一种新型的保险业务，投资保险于 20 世纪 60 年代在欧美国家出现以来，现已成为海外投资者进行投资活动的前提条件。

7. 巨灾保险

巨灾保险是指对因发生地震、飓风、海啸、洪水等自然灾害，可能造成巨大财产损失和严重人员伤亡的风险，通过巨灾保险制度，分散风险。巨灾的显著特点是发生的频率很低，但一旦发生，其影响范围之广、损失程度之大，一般超出人们的预期，由此累计造成的损失往往超过了承受主体的实际承受能力，并极有可能最终演变成承受主体的灭顶之灾。由于各国的经济发展水平和巨灾风险概率存在较大的差别，各国的巨灾风险管理水平和体系也存在很大的不同。通常来说，经济水平较高、巨灾发生频率较高的国家，巨灾风险管理水平较高，例如，美国、日本、新西兰等国的风险管理体系相对比较完善。

4.1.3　典型国家的保险业与保险市场

1. 美国保险市场

美国第一家海上保险组织诞生于 18 世纪 20 年代，目前已发展成为全球最大、最为活跃的保险市场。美国保险市场可分为非寿险市场和寿险市场。非寿险市场主要包括财产保险、意外保险市场等。寿险公司由股份公司和相互公司组成，其中绝大多数寿险公司是股份公司，但相互公司一般历史较长、规模较大。美国的再保险市场也是世界上最大的保险市场之一。

2. 英国保险市场

英国保险市场是世界第四大非寿险市场，也是全球第三大非寿险再保险市场。英国保险公司业务主要分为两大部分：寿险和非寿险。寿险业务包括人寿险、养老金、长期健康保险；非寿险业务包括航海、航空、车辆、地产、意外事故及健康、债务风险等。目前，英国保险公司大致可分成三大类：公司（保险公司和再保险公司，以及经纪人公司）、劳合社和保赔协会。而保险业主要有以下营销渠道：保险经纪人、直接经销、保险代理，以及独立金融顾问等。长期以来，保险经纪人一直是推销保险产品的主力军。

3. 日本保险市场

日本是仅次于美国的保险超级大国，日本居民储蓄率较高，二战后也经历了家庭小型化的演变，保险产品，特别是储蓄类保单、分红险以及万能险，在很大程度上可以看作储蓄的替代型产品。在整个金融行业出现储蓄分流的大背景下，较高的国民储蓄率为保险行业的持续发展提供了坚实的基础，家庭投保率位居世界第一。人寿保险是日本最大的保险业务，日本在世界保险市场上的超级地位很大程度上取决于其人寿保险所占的特殊地位。日本寿险业务主要由各家寿险公司

（日本称为民间保险公司）、邮政局和农协共济会经营。日本邮政局可以同时经营邮政、邮政储蓄和简易保险。

4.2　中国保险业发展历史

4.2.1　旧中国保险业发展情况

1. 从无到有

近代中国保险业是随着殖民入侵而传入的。18 世纪末 19 世纪初，以当时的"世界工厂"英国为代表的西方列强加大了对中国的贸易输出。海上贸易的兴起需要保险的支持。中国最早的通商口岸广州，成为中国保险业的缘起之地。1805 年，由东印度公司达卫森（WS Davidson）发起，在广州开设了广州保险会社，又称谏当保安行。同时，一些国内进步人士，如魏源、洪仁玕、郑观应、王韬、陈炽等人在研究西方资本主义国家"富国强兵"之策时，也深感西方保险功用之重大，开始著书立说，阐述西方的保险制度和他们的政策主张。

2. 从外到内

第二次鸦片战争后，面对外国保险公司垄断中国保险市场、攫取巨额保险经营利润的严峻状况，以及民族工商业、航运业、金融业已经兴起的现实经济条件，民族保险业开始起步。1865 年 5 月 25 日，我国第一家自办的保险机构——上海义和公司保险行成立，标志着近代民族保险业的正式诞生。此后，中国民族保险机构如雨后春笋般纷纷成立。1903 年华商保险公会在香港成立，这是华商最早成立的保险业同业组织，表明华商保险业已经具有了同业联合的觉悟与要求。1907 年清政府草拟了我国近代史上第一部保险法案——《保险业章程草案》。清末上述的保险实践为民国时期保险业和保险思想的发展提供了借鉴和依据。从 1865 年到 1911 年，华商保险公司已有 45 家，其中上海 37 家，其他城市 8 家。

3. 从海到陆

与世界保险发展史一脉相承,以海上贸易带动的中国最初的保险业务都是水险。直到 1866 年,怡和洋行才创立了中国第一家火险公司——香港火烛保险公司,其生意颇为兴隆,最初几年年均盈利率高达 50%,股票飙升 400%。

4. 从物到人

寿险在中国的起步,比水险大约晚了三四十年。1846 年,英国永福和大东方在中国南方城市初办寿险业务,但被保险人几乎都是外国人,业务规模也很小。1889 年,永福人寿保险公司制定了"1846—1900 年中国人死亡经验表"。

5. 从小到大

从北洋政府始到南京国民政府成立时,北洋政府开始重视保险事业的发展,颁布了一系列保险法案,而且我国的民族资本主义也得到进一步发展,同时由于第一次世界大战,西方资本主义暂时放松了对中国的经济掠夺,这些内外条件都促进了民族保险业的进一步发展。

1927—1936 年是中国近代民族保险业发展最快的十年,首先,保险公司不但数量有所增加,而且在业务质量、企业实力等方面都有了质的提高;其次,保险公司业务种类也随着人们日常生活的需要而大量开发,除了传统的水上运输保险和货栈火险外,民族保险公司还开辟了人寿保险、汽车险、行李险、邮件险、玻璃险、偷盗险、电梯险等;再次,信用保险首次在中国出现;这期间中国的银行业相继投资于保险业;最后,保险经纪人和保险公证行的大量兴起、保险业务开始扩展到海外、保险广告更加兴旺等,均呈现出中国保险发展史上前所未有的繁荣景象。

同时,这一时期的保险理论研究、保险立法、社会保险、农业保险也取得了长足的进步。

民国时期的保险思想的正效用主要表现在:其一,民国时期保险思想在传播保险知识、提高人们的保险意识等方面具有极大的推动作用。现代意义的保险制度在近代中国始终是一件新生事物,中国古代朴素的保险制度设计和保险理念与近代中国的经济状况相去甚远,因而，向广大民众传播保险知识是十分必要的，它是近代保险业发展的思想基础。民国时期的学者们对人寿保险、社会保险等险种的基本原理的介绍，提高了人们的保险意识，从而促进了民族保险业的发展。其二,民国时期的保险思想对民族保险业的实践起了积极的指导作用。学者们通过介绍西方各险种的运营方式、倡导保险立法、设计保险模式等，直接指导了现代保险业在近代中国的发展。其三，民国时期的保险思想具有鲜明的反西方经济侵略的特点。中国的保险市场是在西方列强的不断侵略下被动开放的，西方列强在中国近代的保险业中一直处于强势地位，外国保险公司从中国获取了巨大的利润，因此，从中国近代第一家华商保险公司开办时起，学者们始终秉承着收外洋之利的目的来推动民族保险业的发展，民国时期还从立法的角度限制外国保险公司的发展，这在饱受凌辱的近代中国具有特别重要意义。

4.2.2　新中国成立后保险业发展情况

1. 从私到公

1949 年新中国成立后，人民政府对旧中国保险业进行了全面的清理、整顿和改造。接管官僚资本保险企业，改造私营保险企业，中国人民保险公司于 1949 年 10 月 20 日正式成立。到 1952 年底，外国在华保险公司陆续申请停业，撤出中国保险市场。1951 年和 1952 年，公私合营的"太平保险公司""新丰保险公司"相继成立。1956 年，太平和新丰两公司合并，合并后称"太平保险公司"，不再经营国内保险业务，专门办理国外保险业务。两家公司的合并实现了全保险行业公私合营，标志着中国保险业社会主义改造的完成。两家公司的合并实现了全保险行业公私合营,标志着中国保险业社会主义改造的完成，国家实行公私合营企业财产强制保险，指定中国人民保险公司为办理财产强制保险的法定机构。从此，中国国内保险业务开始了由中国人民保险公司独家经营的局面。

为配合国民经济的恢复和发展,中国人民保险公司积极开展业务，重点承办了国有企业、县以上供销合作社及国家机关财产和铁路、轮船、飞机旅客的强制保险。在城市，开办了火险、运输险、团体与个人寿险、汽车险、旅客意外险、邮包险、航空运输险、金钞险、船舶险等。在农村，积极试办农业保险，主要是牲畜保险、棉花保险和渔业保险。为摆脱西方国家对中国保险市场的控制，中国人民保险公司还致力于发展国外业务，与许多友好国家建立了再保险关系。除办理直接业务外，还接受私营公司的再保险业务。中国人民保险公司迅速成为全国保险业的领导力量，从而从根本上结束了外国保险公司垄断中国保险市场的局面。

2. 从停到开

20 世纪 50 年代初，中国人民保险公司各地机构在执行政策和具体做法上出现了很多问题，主要表现为依靠行政命令开展业务，内部管理比较混乱。从 1959 年起，全国的国内保险业务除上海、哈尔滨等地维持了一段时间外，其他地方全部停办。从 1966 年到 1976 年的十年动乱期间，中国国内保险业务彻底停办。1979 年 4 月，国务院批准《中国人民银行分行行长会议纪要》，做出"逐步恢复国内保险业务"的重大决策。到 1980 年底，除西藏外，中国人民保险公司在新中国各地都已恢复了分支机构。

1986 年 2 月，中国人民银行批准设立"新疆生产建设兵团农牧业保险公司"，专门经营新疆生产建设兵团农场内部的种养两业保险。新疆生产建设兵团农牧业保险公司的成立，打破了中国人民保险公司独家垄断保险市场的局面。1987 年，中国人民银行批准交通银行及其分支机构设立保险部。1988 年 5 月，平安保险公司在深圳蛇口成立。1991 年，中国人民银行要求保险业与银行业分业经营、分业管理，批准交通银行在其保险部的基础上组建中国太平洋保险公司，成为继中国人民保险公司之后成立的第二家全国性综合性保险公司。1996 年，中国人民银行还批准设立新华人寿保险股份有限公司、泰康人寿保险股份有限公司、华泰财产保险股份有限公司、永安财产保险股份有限公司、华安财产保险股份有限公司等 5 家股份制保险公司。

3. 从保障职能到金融职能

从 1980 年中国保险恢复以来，直至 1996 年中国人保和中国人寿

（当时称"中保人寿"）进行产寿险分设前，中国保险市场一直是产寿险混业经营，此时的中国保险，仍坚守定位于"风险管理"的传统基本职能。1995年到1999年是我国寿险业蓬勃发展的5年。这期间，绝大部分寿险公司的经营管理者是从产险"分业"过来的，整个行业缺少大批专业技术人员（尤其是精算人员）和掌握寿险经营管理内在规律的经营管理人员，盲目跟随高银行利率而设定的人身险产品预订利率随着利率下调而陷入了经营困局。随后，保险公司开始寻求通过新型保险延续发展，1999年10月，平安推出国内第一款投资连结保险，其热销情况一度让竞争对手中国人寿和太平洋的各省市场频频告急。面对平安的压力，中国人寿内部发生了激烈的论战，最终中国人寿决定不跟进平安的高风险产品战略，而开发风险更低的分红险产品。2000年，太平洋开发了国内第一款万能寿险。投资连结保险、分红保险和万能保险的出现和迅速发展，意味着中国保险的职能定位发生了重大转变，"风险管理"职能弱化，而"金融"职能迅速强化。

2003年，对中国保险业的某些公司来说，其所经手的压力之重，实在有些难以承受。2001至2003年中国平安依仗投资连结保险这一"新产品策略"，业务快速发展，在许多大城市确立了其领先优势，使行业内其他主体倍感压力，随着资本市场的波动，形势发生了大逆转。2003年南方周末一篇关于投资连结保险产品的群体性退保风波在全国蔓延，引起了业界、社会的高度关注，相关部门强力介入，平安也通过全国范围内的客户回访活动化解危机。

2008年，投资连结保险的诅咒似乎又一次地轮回，2006至2007年资本市场的冲高让许多寿险公司忘却了数年前发生在投资连结产品上的危机，利用高比例投资权益类资产，一时体现在账户价值上的高收益，似乎也可将业务规模狂飙突进。被标为创新的投资连结产品随着资本市场的逆转，退保风波又一次不期而至，天津等地发生冲击银行柜面的事件虽然在相关部门快速、果断的措施下没有蔓延为全国性事件，但在欧洲、澳大利亚等保险市场上流行的投资连结产品在中国出现了水土不服的情况。

4. 从负债到资产

多年来，国内寿险市场一直遵循着"负债驱动资产"的战略，保险资产管理主要是基于手中负债来配置投资标的。这种模式是保险公司先在投资端找到资产质量较好、满足收益要求的项目，再通过保险端（负债端）的保费快速增长来实现资金的筹集。保费快速增长的法门，便是销售收益更具竞争力的万能险等保险理财产品。综合来看，只要投资端的收益能够覆盖承保费用和其他支出，公司就能实现盈利。

随着民营资本进场和投资渠道的逐步放宽，传统的"负债驱动资产"模式下险企较长的盈利周期已无法满足新型险企的发展需求，"资产驱动负债"这一模式应运而生，通过高收益保险产品获得大量现金流，做大资产端，运用保险杠杆博收益。投资收益只要能够覆盖运营成本，实现利差，保险公司便可盈利。巴菲特的伯克希尔·哈撒韦公司被奉为"资产驱动负债"型的成功典范，自 1970 年以来，其净值年复合收益率约为 20.6%，剔除浮存金因素后的年复合收益率约为 13.7%。国外财险公司可投资的资金包括准备金（即巴菲特所说的浮存金）与资本金之和，财险准备金的资金成本比寿险低得多，如果综合成本率低于 100%，则财险的资金成本几乎为零，这也是巴菲特一直强调的一点，也是伯克希尔·哈撒韦公司的成功之道。

国内"资产驱动负债"型的险企近年来取得了长足的发展，正在蚕食传统大型险企十余年积累的市场份额。其盈利表现也颠覆了寿险公司平均 7 年盈利的传统。随着保险资金投资领域的逐步放开，保险资金比以往活跃很多，保险产品的竞争力除了要创新个性化，投资收益的高低也决定着其吸引力。

5. 从线下到线上

作为一项新兴事物，互联网保险在我国发展的历史只有短短十几年时间。但在这十几年间，互联网正深刻影响着保险业的方方面面。2000 年 8 月，国内两家知名保险公司太平洋保险公司和平安保险公司几乎同时开通了自己的全国性网站。太保的网站成为我国保险业界第一个贯通全国、连接全球的保险网络系统。平安保险开通的全国性网站 PA18，以网上开展保险、证券、银行、个人理财等业务被称为"品种齐全的金融超市"。同年 9 月，泰康人寿保险公司也在北京宣布泰康在线开通，在该网上可以实现从保单设计、投保、核保、交费到后续服务全过程的网络化。与此同时，由网络公司、代理人和从业人员建立的保险网站也不断涌现。

2014 年全行业互联网保险业务收入超过 870 亿，约占全年保费收入的 4%，相比 2013 年互联网业务收入的 317.9 亿元，同比增长 174%。总体来看，尽管近年来我国互联网保险业务总体规模偏小，但增长迅速，表现出了发展的巨大的潜力。参与主体不断增多。但与欧美发达国家相比仍有着巨大的差距，数据显示，2011 年美国寿险保费收入中，网上直销份额将增至 8%左右，美国车险保费收入中，网上直销业务将占到 30%。美国独立保险人协会则预测，今后 10 年内，全球保险业务中将有近 30%的商业险种和 40%的个人险种交易通过互联网进行。

2013 年，开展互联网保险销售业务的保险公司有 76 家。2014 年达到了 90 家，超过我国保险公司现有产寿险公司机构数量的一半。产品种类逐渐丰富，互联网保险产品从最初的车险、意外险等条款、费率标准化程度较高的险种，逐步扩展到货运险、信用险、万能、投连、健康险等一些条款相对复杂的险种。经营模式多种多样，自建网站平台、与第三方合作、保险中介公司平台等多种形式。服务方式上，也通过微信、易信、支付宝钱包等多种移动互联网平台开展销售、宣传和服务。

尽管近两年互联网保险有了快速发展，但是从互联网保险目前的发展现状看，还存在产品单一、同质化，信息披露不充分、售后服务不到位等问题，总体上还处于初级发展阶段。互联网保险如何从快速发展的初级阶段向高级阶段进发，成为行业思索的问题。

6. 从国内到海外

从 2012 年 10 月《保险资金境外投资管理暂行办法实施细则》的印发，到 2014 年 8 月"新国十条"明确提出拓展保险资金境外投资范围，我国保险资金境外投资步伐明显加快，投资规模也持续增加。数据显示，截至 2014 年年第，保险资金境外投资余额为 239.55 亿美元

（折合人民币 1465.8 亿元），占保险业总资产的 1.44%，比 2012 年末增加 142.55 亿美元，增幅为 146.96%。

从投资区域来看，保险资金主要以投资香港市场为主，港币资产占比较高，超过 64%。从投资的品种来看，权益类资产是主要投资品种，在股票、股权和权益类产品中占比较高；另外，不动产的占比大约是 20%左右，还有一些银行存款和债券固定收益类的产品。我国保险机构逐步开始保险资产全球化和多元化配置，在国际金融市场上的活跃度与影响力日渐提升。

"走出去"必然伴随着新的风险。为此，保监会于 2015 年 3 月调整了保险资金境外投资的有关规定，以加强保险资金境外投资监管，进一步扩大保险资产的国际配置空间，优化配置结构，防范资金运用风险。另外，"走出去"的保险企业要在人才培养、技术创新和加强管理上多下功夫。"走出去"的工程项目、企业和人员越来越多，他们更需要自己国家的保险公司能够为当地人民群众提供方便和价格低廉的保障服务。

第5章
商业保险在国家治理体系中的基本作用

5.1　保险的三大基本职能

在保险业发展的历史长河中，国内外学者对保险的职能进行了大量的分析和研究，并总结出了保险的多种职能。经过长期的争鸣、探索、总结和积淀，我国学术界和保险业界目前较为一致地认为保险具有经济补偿、资金融通和社会管理三大职能。

5.1.1　经济补偿职能

保险的经济补偿职能是基于保险的保障属性而产生的，经济补偿职能是保险业的立业之基，最能体现保险业的特点和核心竞争力。经济补偿职能具体表现为财产保险的补偿功能和人身保险的给付功能。

5.1.2　资金融通职能

资金融通职能反映的是保险的金融属性，保险资产中的准备金投入社会再生产过程中所发挥的金融中介和推动经济发展的作用。保险公司为了使保险经营利润最大化，必须保证保险资金的保值与增值，这就要求保险公司对保险资金进行科学运用。

5.1.3　社会管理职能

一般来说，社会管理是指对整个社会及其各个环节进行调节和控制的过程，目的在于正常发挥各系统、各部门、各环节的功能，从而实现社会关系和谐，整个社会良性运行和有效管理。保险的社会管理功能不同于国家对社会的直接管理，而是通过保险内在的特性，促进经济社会的协调以及社会各领域的正常运转和有序发展。保险的社会管理职能是在保险业逐步发展成熟并在社会发展中的地位不断提高和增强之后衍生出来的一项功能。保险的社会管理职能主要体现在社会保障管理、社会风险管理、社会关系管理、社会信用管理四个方面。

保险的三项基本职能是一个有机联系、相互作用的整体。经济补偿职能是保险最基本的功能，是保险区别于其他行业的最根本的特征。资金融通职能是在经济补偿职能基础上发展起来的，是保险金融属性的具体体现，也是实现社会管理功能的重要手段。正是由于具有资金融通功能，才使保险业成为国际资本市场的重要资产管理者，特别是通过管理养老基金，使保险成为社会保障体系的重要力量。

现代保险的社会管理职能是保险业发展到一定程度并深入到社会生活的诸多层面之后产生的一项重要功能。社会管理职能的发挥，在许多方面都离不开经济补偿和资金融通职能的实现。同时，保险社会管理职能的逐步发挥，将为经济补偿和资金融通职能的发挥提供更加广阔的空间。因此，保险的三大职能之间既相互独立，又相互联系、相互作用，形成了一个统一、开放的现代保险职能体系。

5.2　保险业在国家治理体系中的主要作用

保险公司以市场化的经营行为来分散风险、分担损失，履行经济补偿职能，对完善我国社会保障体系、保障社会和谐稳定、化解矛盾纠纷、提升社会安全感、及时恢复正常的生活和生产等方面发挥了积极作用。

近年来，农业保险、养老保险、大病保险、治安保险等与社会治理紧密关联的保险领域的长足发展及其对社会稳定的贡献也充分说明了这一点。

系统梳理保险业在国家发展和国家治理中的作用，对我国保险业的改革和发展具有重要意义。我们认为，除具有完善社会保障、稳定社会、助推经济发展的作用外，保险在社会治理、贯彻落实国家产业政策、促进资金融通等方面均具有重要作用。本部分比较全面地阐述了现阶段我国保险业在国家治理体系中的具体职能和作用。

5.2.1　商业保险在社会保障领域发挥支柱性作用

从国家治理体系的角度讲，商业养老保险和医疗保险在社会保障领域的作用是商业保险最重要的作用。有鉴于此，我们将单列专章，在第六章专门予以论述。

5.2.2　商业保险发挥经济补偿作用

保险可以通过风险分散机制的设计实现风险从个人或者企业到保险公司之间的转移，通过保险公司合理有效的管理降低风险发生概率和损失程度，从而实现社会的稳定发展，为国家经济与人类文明保驾护航。通过保险这种"事先安排"的损失补偿机制，能够增强社会的自愈能力和修复功能，保险业在风险识别、评估、防范和化解能力的提升等方面，有助于降低社会的灾害易损性。

首先，保险有助于受灾企业和家庭及时获得赔付资金，重新购置资产，恢复正常生产和生活。企业及时恢复正常生产，可以减少企业因停工带来的利润和费用等间接经营损失。

其次，保险有助于民事赔偿责任的履行，为防范在日常生产活动和社会活动中存在的民事赔偿责任或民事索赔事件的风险，企业和个人可以通过购买各类责任保险将风险转嫁给保险公司，使被侵权人的合法权益得到保障并顺利获得在保险金额内的民事赔偿。为保障被侵权人的利益，国家也往往采取法定保险的形式强制实施，比如交强险等。大力发展责任保险，可以有效放大社会资源利用效率。保险公司可以通过开办安全生产责任保险、环境污染责任保险、火灾公众责任险、医疗责任保险、承运人责任险、旅行社责任险等险种，充分发挥保险在理顺社会关系、减轻政府管理压力、化解各类矛盾中的作用。

另外，当企业员工和家庭成员发生生、老、病、死、残等保险事故时，可以通过各类人身保险予以补偿或给付，保障了企业员工和家庭生活的稳定。

统计数据显示，2013 年我国农业保险保费收入 306.6 亿元，同比增长 27.4%，向 3177 万受灾农户支付赔款 208.6 亿元，同比增长 41%。承保主要农作物突破约 6667 万公顷，占全国主要农作物播种面积的 42%，提供风险保障突破 1 万亿元。责任保险保费收入 216.6 亿元，为食品、环境、医疗等领域提供风险保障 48.6 万亿元。出口信用保险保费收入 155.2 亿元，向近 4.5 万家企业提供风险保障 2.86 万亿元，为稳定国家外需做出了贡献[1]。

一系列重大灾害事故发生后，保险业全力以赴开展抗灾救灾、保险理赔，为缓解灾区人民的生产生活困难和促进当地社会稳定做出了积极贡献。如黑龙江洪灾导致全省 320 万公顷农作物受灾，农业保险向 50.9 万农户支付赔款 27 亿元，户均 5331 元，最高的一户 352 万元。对"菲特"台风造成的损失，保险业查勘定损案件 19.6 万件，定损金额 49.6 亿元。另外，在广东台风暴雨灾害、芦山地震灾害以及香格里

---

① 摘自项俊波主席 2014 年 1 月 24 日在全国保险监管工作会议上的讲话。

拉火灾事故处置中，保险业都发挥了积极作用。[①]

另据保监会统计数据显示，2014 年我国保险业赔款和给付支出共计 7216.21 亿元，同比增长 16.15%。其中，产险业务赔款 3788.21 亿元，同比增长 10.15%；寿险业务给付 2728.43 亿元，同比增长 21.09%；健康险业务赔款和给付 571.16 亿元，同比增长 38.92%；意外险业务赔款 128.42 亿元，同比增长 17.27%。[②]

保险业以市场化的经营行为，通过履行正常的经济补偿职能，对恢复生产、缓解受灾人员生活困难、维护社会生活的稳定发挥了积极作用。

5.2.3　商业保险的资金融通功能

随着我国保险资金运用渠道的进一步拓宽，资金融通职能对我国金融市场的影响力越来越大，这对于促进我国经济发展、完善我国金融体系和资本市场、维护资本市场的安全和稳定具有重要意义。关于保险业资金融通方面的职能和作用论述，详见第 7、8 章。

5.2.4　商业保险支持实体经济发展的作用

保险业利用损失补偿功能支付的各种赔款和给付，使企业、家庭等生产单位在遭受损失后能够及时恢复正常经营和生产，不至于因资金短缺导致生产中断；随着保险业实力越来越强，保险资金的日益积累和增加，在法律法规和监管政策允许的范围内，保险资金开始直接介入各实体行业，寻找可以直接投资的优质项目，直接参与或协助实体经济的发展。

以"首台（套）重大技术装备保险"为例，保险业在支持行业创新、助推实体经济发展方面切实发挥了非常积极的推动作用。2015 年

---

① 摘自项俊波主席 2014 年 1 月 24 日在全国保险监管工作会议上的讲话。

② 数据来源：保监会网站。

2月2日，财政部、工业和信息化部、保监会联合发布了《关于开展首台（套）重大技术装备保险补偿机制试点工作的通知》（财建〔2015〕19号）（简称《通知》），保监会还于同日发布了《关于开展首台（套）重大技术装备保险试点工作的指导意见》（保监发〔2015〕15号）。《通知》中指出："重大技术装备是关系国家安全和国民经济命脉的战略产品，是国家核心竞争力的重要标志。为首台（套）重大技术装备创新成果转化引入保险补偿机制，是发挥市场机制决定性作用、加快重大技术装备自主化、服务国家创新驱动发展战略的重要举措，对于促进装备制造业高端转型，打造中国制造升级版具有重要意义。"《通知》明确了保险在促进科技创新和经济结构优化升级方面的重要作用。

在上述政策的指引下，保险业迅速行动。2015年4月7日，由中国人保财险、太平洋财险、平安财险等7家财产保险公司组建的首个首台（套）重大技术装备保险共保体正式成立并开始运行。由我国自主研制的首架出口美国的Y12型号运输机已经作为首台（套）重大技术装备由中航集团投保。

2015年6月26日，平安产险"首台（套）重大技术装备综合保险项目"破冰。作为首批试点单位，平安产险的天津、北京分公司获首席签单资格，分别独家承保"天津中重大型轧钢生产线"和"福马机械集团宽幅人造板压制系统"项目，保额各达1.2亿元和5550万元。

"首台（套）重大技术装备保险共保体"的成立和保险公司的成功实践，助力了重大技术装备的推广应用，大大增强了国家探索首台（套）保险补偿的信心，是保险业响应国家号召、服务国家创新驱动战略的新突破，对推动经济体制增效发挥了保险的费率杠杆作用。

5.2.5 商业保险的信用保证作用

各类信用保险和履约保证保险的核心价值在于解决了交易双方在交易时的信息不对称，交易者可以通过购买信用保险或履约保证保险来解决信用不足、道德风险、逆向选择等问题，保障了企业应收账款的安全。因此，信用保险和履约保证保险可以促进交易顺畅进行，保证企业生产经营活动的稳定发展，从而活跃市场，降低社会总交易成本，提高社会福利水平。贷款信用保险是保证银行信贷资金正常周转的重要手段之一，促进了信贷交易的完成和信贷资金的正常发放、回收。赊销信用保险协助解决国内贸易的延期付款和分期付款，目的在于保证被保险人（即权利人）能按期收回赊销货款，保障了交易和贸易的顺利进行。履约保证保险可以起到协助、监督合同对方按照合同约定的义务进行履约的作用。

比如从 2012 年起，国内大宗商品贸易收款风险前所未有地放大，其中，钢贸行业信贷危机向全国蔓延，几乎所有钢铁生产厂家和流通企业都陷入借贷纠纷，其中，钢贸企业主跑路、企业破产事件层出不穷；银行也深受其害，上海在 2012 年 8 月发生民生银行、光大银行打包起诉 20 余家钢贸企业事件，在随后的时间里，又发生几百起银行起诉钢贸商的案例，严重影响钢铁等大宗商品的贸易环境，使得很多生产贸易正常的企业也收缩过紧，整个经济流动性越来越差。[①]经了解，这些钢贸企业在银行融资时采用了"联保互保"的模式，没有利用信用保险的有效机制，没有发挥信用保险的应有作用。

对此，国家治理的最高层面对发展信用保险和保证保险的重要性已经有了充分认识。国务院在"新国十条"中明确指出，要"加快发展小微企业信用保险和贷款保证保险，增强小微企业融资能力""稳步放开短期出口信用保险市场"以及"发展信用保险专业机构"。

另外，小额贷款保险也在促进贷款交易顺利完成、保障贷款资金回收方面起到了积极的作用。小额贷款保险是最近几年新兴的农村金融品类，是保险公司在银行向农户发放小额贷款时专为贷款农户提供的意外伤害保险，一般涵盖意外伤残及意外事故保险责任。小额贷款保险不仅有效解除了银行发放小额贷款的担忧，解决了农民找担保难的问题，支持了"三农"发展，也使保险公司找到了新的业务增长点，保险的资金融通、风险保障双重功能实现了最大化，取得了银行、农户和公司三赢的局面。

---

① 李蕾. 20 余家钢贸商遭银行起诉追债 银行融资收缩 23%[N]. 新京报，2012-8-4.

5.2.6 责任保险化解矛盾纠纷的作用

据统计，2013 年我国责任保险保费收入 216.6 亿元，为食品、环境、医疗等领域提供风险保障 48.6 万亿元。[①]

以医疗责任保险为例。医疗责任保险能够有效分散医生执业风险，缓和医患矛盾，推进医学新疗法、新技术，促进我国医学科学的发展以及提升我国医疗的整体水平。对于医疗机构以及医疗行业来说，投保医疗责任保险首先可以转嫁执业风险，减轻财务负担。

对保险公司而言，开办医疗责任保险有利于拓宽业务领域，增加经济效益。对社会发展而言，医疗责任保险有利于缓解社会矛盾，保护各方合法权益，维护社会稳定。医疗责任保险对医院、医务人员、患者和保险公司都有好处。既能让医生解除高额赔付的后顾之忧，给医生吃"定心丸"，激励他们增强医疗安全意识，勇于知难而上，改革创新，提高业务质量，增强医院和医生在公众心中的信誉度，促进医学技术水平的不断发展，同时也可以使患者得到及时的经济补偿。

保险公司只要经营得当，也会因此有一笔可观的经济收益。这种良性循环，才是医、患、保共同追求的目标。另外，在建立医疗责任保险机制的同时，可以将人民调解的赔付责任落到实处，提高人民调解的效果和成功率。人民调解机制的完善，可以为医疗责任保险依法、公平、合理的赔付创造一个有利的环境，因此推进医疗责任保险的开展，建立医疗责任保险制度，与人民调解机制相互结合，良性互动的关系十分必要。

我国从 20 世纪 80 年代开始医疗责任保险试点。2007 年 6 月，国家卫生部、中医药管理局、中国保监会共同发布《关于推动医疗责任保险有关问题的通知》，为我国医疗责任保险提供了政策支持。据统计，2013 年我国有 6000 余个二级以上医疗机构参加了医疗责任保险，占二级以上医疗机构总数的 60%。截至 2014 年年底，我国医疗责任保

---

① 资料来源于项俊波主席 2014 年 1 月 24 日在全国保险监管工作会议上的讲话。

险的覆盖面仍然比较低。据不完全统计，仅有 3 万余家医疗机构参加了医疗责任保险，覆盖率不足 10%。[①]

在医疗责任保险发展的过程中，政府的重视和推动始终是决定性的因素和力量。2014 年 7 月 11 日，国家卫生计生委会同司法部、财政部、中国保监会、国家中医药管理局联合召开电视电话会议，并印发《关于加强医疗责任保险工作的意见》。《意见》提出，各地要统一组织、推动各类医疗机构特别是公立医疗机构参加医疗责任保险，即由医疗机构购买医疗责任保险，一旦发生医疗损害责任事件，由保险公司代为赔付。到 2015 年年底前，全国三级公立医院参保率应当达到100%；二级公立医院参保率应当达到90%以上。2015 年 7 月 18 日，江西省卫生计生委等五部门联合发布消息，要求在 2015 年年底前，江西所有县（市）必须成立医调委，落实专门的办公场所，配备专职工作人员，并将调解工作经费和人民调解员补贴纳入当地财政预算。各地以设区市或几个设区市为单位，统一组织辖区内二级及以上医疗机构参加医疗责任保险。2015 年 10 月底前，实现二级及以上公立医疗机构参保率达到100%。[②]

5.2.7　治安保险、社区综合保险的作用

1. 治安保险

治安保险，是指在党委、政府统一领导下，由综治部门组织协调，以乡镇、村或社区等基层组织机构为单位，由保险公司具体组织辖区居民依照合法自愿的原则，通过自主出资参加商业保险的方式参与社会综合治理机制，改善区域治安环境。同时，由当地综治部门收取一部分治安费，用来加强治安防范和巡逻工作。通过治安保险的推广，建立起事前预防与事后补偿一体化、经费保障与机构运作市场化的社会治安基层防范体系，在平安社会建设中发挥了经济补偿和社会管理

---

① 陈婷婷，苏长春. 医患纠纷倒逼医责险加速推进[N]. 北京商报，2014-3-12.
② 高皓亮. 二级及以上公立医疗机构医疗责任保险将全覆盖[N]. 赣南日报，2015-7-19.

的作用。

治安保险于 2003 年萌芽于山东聊城临清（县级）市红星社区，初期的运作模式是：社区管理部门与保险公司签订合作协议，在其治安联防费中划拨部分资金作为保险费，向保险公司投保家庭财产保险；保险公司按照协议，出具保险单，并对参保的每户居民发放保险卡，为社区居民提供家庭财产损失保障。协议签订以后，由各社区负责治安保险的宣传、发动工作，并及时向住户告知保险条款的内容。在防灾防损上，由各社区教育其保安队伍加强治安防范和巡逻工作。保险公司予以积极配合，定期对社区的保安进行相关法律、法规教育及业务指导；保险公司配合公安机关对红星社区的治安防范情况及巡逻情况进行检查，及时发现问题，提出整改建议。

治安保险 2006 年起在山东全省范围推广，经过多年的发展，业务不断发展壮大，社会影响力不断提高。2013 年，山东省（不含青岛，下同）治安保险实现了市地全覆盖，县（市、区）覆盖承保达到 120 个，覆盖率达 93.75%；全省参保居民户 730 万户，居民户覆盖率接近 30%，治安保险走进了更多百姓家庭。治安保险的经济补偿与社会管理功能进一步体现。自 2006 年开办以来，治安保险累计承担风险金额高达 2247 亿元，累计赔付支出 1.61 亿元。2013 年，年保额达 595 亿元，支付赔款 5206 万元[①]。治安保险的经济补偿和社会管理功能得到了充分体现，成为社会风险的调节器和平安建设的稳定器，在促进社会和谐、维护安全稳定方面发挥了重要作用。

2006 年 4 月，中央综治委和中国保监会联合印发了《关于保险业参与平安建设的意见》（保监发〔2006〕44 号文件），开始在全国推广治安保险工作。国务院在"新国十条"中也明确指出，"鼓励发展治安保险、社区综合保险等新兴业务"。因此积极开办治安保险，将为国家在社区治理上发挥积极作用。目前，安徽、河北、福建、江西、湖北、河南等省份均已开办治安保险，取得了良好的效果。

---

① 郭燕.山东治安保险拓展新领域[N/OL].齐鲁网，2014-7-7.

2. 社区综合保险

社区综合保险 2005 年发源于上海的街道社区，与治安保险"政府主导、商业运作、合法自愿"的模式不同，社区综合保险从一开始就采取了"政府采购、居民参与、商业运作"的思路。

上海市虹口区广中街道将保险的商业模式和社区救助模式有机结合起来，通过为社区居民尤其是弱势群体购买保险这种方式，放大有限的社区救助资金的效用，增强社区弱势群体防范风险和意外的能力。2005 年 2 月和 5 月，广中街道相继和太平洋财产保险股份有限公司上海分公司协商设立了社区家庭财产保险、社区团体人身意外保险、社区公众责任险、特困人员大病险、街道财产险等 5 个险种，总保费 25 万元，总保额 1.1618 亿元。[①]

2006 年 5 月，居民王女士家中突然发生火灾，财产损失严重，经现场查勘后，保险公司及时赔付人民币 4.8 万元。[②]

以前碰到上述事故，都是街道社区需要解决的事情。如今政府购买了保险，其实也购买了专业服务，放大了救助资金的效用，起到了"居民安心，政府省心"的作用。在社区综合保险中，街道不是简单地将保险责任、化解矛盾的责任推向保险公司，而是强强联手，进一步提高了防范控制和化解矛盾的能力。和一般商业保险相比，街道开展"社区综合保险"在价值理念上具有明显的不同点，其目的是为了维护社区公共安全和公共利益，通过保险给弱势群体增加一道保障线，给社会增添一道稳定线，起到了第二道社会"减压阀"的作用。

截至 2014 年 6 月底，上海市社区综合保险保额达到 370.65 亿元。中心城区共 146 个街道，太平洋保险承保 71 个，占比 48.63%；市郊城区共承保街道 23 个，占 62 个街道与镇的 37.1%。总的来看，全市 208 个街道中太平洋保险承保共达 94 家，占比 45.2%，承保比例与 2013 年同期相比有较大提升。在虹口、杨浦、徐汇、闸北、静安、青浦六个区域实现了承保全覆盖。目前，该项保险在全市 17 个区县、208 个

① 佚名. 政府买单的社区综合保险[J]. 检察风云，2008，（4）.

② 佚名. 政府买单的社区综合保险[J]. 检察风云，2008，（4）.

街道（乡镇）实现了全覆盖。^①

由太平洋保险财产保险首创的社区综合保险，发展到今天已有 10 年，成为深受社区欢迎的公益性险种，目前已逐步在全国多个城市推广。

5.2.8 承接大病医疗保险

国务院在"新国十条"中指出，"政府通过向商业保险公司购买服务等方式，在公共服务领域充分运用市场化机制，积极探索推进具有资质的商业保险机构开展各类养老、医疗保险经办服务，提升社会管理效率。按照全面开展城乡居民大病保险的要求，做好受托承办工作，不断完善运作机制，提高保障水平"。在国务院给出的政策红利下，保险业应主动作为，积极联系各级政府，探讨承接政府经办的养老、医疗保险项目的可行性，同时稳妥推进，继续做好城乡居民大病保险工作。

保险业要以市场化的经营行为减少社会矛盾，化解纠纷，协助政府化解社会风险，承担部分公共职能。以大病保险为例，2012 年 8 月 24 日，国家发改委、卫生部、财政部、人力资源和社会保障部、民政部、保监会六部门联合发布《关于开展城乡居民大病保险工作的指导意见》（文中称《意见》），建立了城乡居民大病保险制度，采取向商业保险机构购买大病保险的方式，在基本医疗保障的基础上，对大病患者发生的高额医疗费用给予进一步保障的一项制度性安排，可进一步放大保障效用，是基本医疗保障制度的拓展和延伸，是对基本医疗保障的有益补充。据人社部数据，截至 2013 年 12 月底，全国已有 25 个省份制定了城乡居民大病保险试点实施方案，确定了 144 个试点的统筹地区，覆盖人口 3.6 亿。^②总体来看，大病保险试点工作已取得初步成效。

---

① 谈瓕. 综合保险为社区撑起"保护伞" [N]. 新民晚报, 2014-9-26.
② 张维. 人社部: 25 省份制定城乡居民大病保险试点实施方案[N]. 法制日报, 2013-11-13.

5.2.9　出口信用保险服务国家"走出去"战略

出口信用保险作为符合世界贸易组织（WTO）规则规定的促进本国出口贸易发展的有效工具之一，在西方发达国家，已有上百年发展历史，成为政府扶持的、企业广泛运用的保障应收账款、增强出口竞争力的重要手段。在欧美发达国家，每年的出口额中约有 20%—25% 都投保了出口信用保险，在日本，投保的出口额比重甚至达到了 30%。

我国出口信用保险业务的主要经营者是中国出口信用保险公司（简称中信保）。中信保的经营宗旨明确了其履行的职能："通过为对外贸易和对外投资合作提供保险等服务，促进对外经济贸易发展，重点支持货物、技术和服务等出口，特别是高科技、附加值大的机电产品等资本性货物出口，促进经济增长、就业与国际收支平衡。"

中信保成立以来，出口信用保险对我国外经贸的支持作用日益显现。尤其在国际金融危机期间，出口信用保险充分发挥了稳定外需、促进出口成交的杠杆作用，帮助广大外经贸企业破解了"有单不敢接"、"有单无力接"的难题，在"抢订单、保市场"方面发挥了重要作用。2013 年，中国信用保险及担保业务实现承保金额 3969.7 亿美元，同比增长 14.8%。其中，出口信用保险（短期出口信用保险和中长期出口信用保险）实现承保金额 3274.4 亿美元，同比增长 11.5%；对小微出口企业的覆盖率达到 13.8%，比上年提高了 2.6 个百分点。全年向企业和金融机构支付赔款 13 亿美元,帮助企业最大限度地降低了海外账款和投资无法收回的损失。截至 2013 年年底，各项业务累计实现承保金额 14846.5 亿美元，年均增长 57.1%，已决赔款 56.4 亿美元。其中,出口信用保险累计承保规模已达 12431.2 亿美元,年均增长 55.3%,对出口的渗透率由 2002 年的 0.8%增长至 2013 年的 14.8%,对一般贸易出口的渗透率由 2002 年的 1.9%增长至 2013 年的 30.1%。截至 2014 年末，中信保累计支持的国内外贸易和投资的规模达到 1.9 万亿美元，为数万家出口企业提供了出口信用保险服务，为数百个中长期项目提供了保险支持，包括高科技出口项目、大型机电产品和成套设备出口项目、大型对外工程承包项目等，累计向企业支付赔款 67.6 亿美元。同时，中信保还累计带动 219 家银行为出口企业融资超过 2.2 万亿元人民币。[①]

2014 年 6 月，平安财险、大地财险、太保财险三家险企获得短期出口信用保险牌照，意味着短期出口信用险引入商业化机制的步伐提速。[②]目前，我国共有中信保、人保财险、平安财险、大地财险、太保财险 5 家保险公司可以经营短期出口信用保险业务。我们预测，未来的趋势是短期出口信用保险有望对商业保险公司逐步放开，出口信用保险市场未来将出现分化，短期出口信用险由商业保险公司承办，进行商业化运作，更具政策性的中长期出口信用保险则继续保留在中信保。

保监会主席项俊波《在 2014 年全国保险监管工作会议上的讲话》中指出，"2013 年出口信用保险保费收入 155.2 亿元，向近 4.5 万家企业提供风险保障 2.86 万亿元，为稳定国家外需做出了贡献"。展望未来，我国出口信用保险在围绕服务国家战略，通过提供政策性保险服务，在支持我国对外经贸发展、实施"走出去"战略、服务"一路一带"建设、保障国家经济安全以及促进经济增长、就业和国际收支平衡等方面，发挥更为重要的政策性作用。

5.2.10　农业保险保障农业生产的安全和稳定

农业保险在农业生产经营中发挥着重要作用，是贯彻落实国家农业产业政策、调动农业生产者积极性和保障国家粮食安全的重要手段。

农业保险是世界贸易组织允许各国支持农业的一项"绿箱"政策，是市场经济条件下现代农业发展的三大支柱之一，也是处理农业风险转嫁的重要手段。从国际上看，虽然不同国家的国情不同，其农业保险制度模式也不尽相同，但有一个共同的目标是保护农业的发展，或

---

① 数据来源：中信保官方网站。
② 杨晶晶. 短期出口信用险商业化提速[N]. 中国经营报，2014-6-7.

者说贯彻国家的农业政策。目前，世界上有四十多个国家推行农业保险。农业保险是美国实施农业保护的一种非常重要的手段。为减轻自然灾害给农民可能造成的风险损失，美国政府对从事农业保险的机构提供大规模的保费补贴，从而使农民能以较低的保费率普遍参加农业保险。

农业生产中面临的风险具有受损面积大、损失程度严重、发生频率高等特点。据统计，1961—1990 年，我国农作物生产遭受旱、涝、风、雹、冻、病和虫灾害的面积年平均约为 3667 万公顷，成灾面积约 1967 万公顷，分别占当年平均播种面积的 29.8% 和 12.7%。2000—2008 年，我国的农作物受灾面积年均则达到 4600 万公顷，成灾面积近 2500 万公顷，分别占当年平均播种面积的 29% 和 16%。[①]

2004 年中央"一号文件"指出，"加快建立政策性农业保险制度，选择部分产品和部分地区率先试点，有条件的地方可对参加种养业保险的农户给予一定的保费补贴"。随后几年，连续多个中央"一号文件"将农业保险列为金融支持农业发展的重要内容，政府不断加大对农业保险的支持力度，2007 年中央财政安排 10 亿元农业保险保费补贴。

继 2007 年政府补贴农业保险后，中央财政每年都不断扩大农业保险补贴的试点范围和补贴品种。截至 2013 年年底，我国农业保险保费收入 306.6 亿元，同比增长 27.4%，向 3177 万受灾农户支付赔款 208.6 亿元，同比增长 41%。[②]承保主要农作物突破近 6667 万公顷，占全国主要农作物播种面积的 42%，提供风险保障突破 1 万亿元，贯彻了我国在农业领域的政策和治理意图，为稳定农业生产、维护国家粮食安全做出了积极贡献。

5.2.11　巨灾保险应对重大灾害风险

我国是世界上自然灾害最为严重的国家之一，灾害种类多，分布

---

① 郑功成，许飞琼.财产保险[M]. 北京：中国金融出版社，2009：398—399.
② 资料来源：项俊波主席在 2014 年保险监管工作会议上的讲话。

地域广，发生频率高，造成损失重。我国保险业尽管在过去的几十年间得到了迅速发展，但是保险业在巨灾风险管理和灾后救济与赔付体系中发挥的作用却仍然微乎其微。下面对我国保险业在近几年发生的重大灾害事故中发挥的作用进行剖析，并与西方发达国家的保险业情况进行对比。

1. 2008 年初我国南方低温冰雪灾害事故

从 2008 年 1 月 10 日开始，一场持续近 1 个月的低温、雨雪冰冻天气袭击了中国南方 19 个省区市，其影响范围之广、所造成的灾害之重为历史罕见，属五十年一遇，部分地区为百年一遇。受灾害影响，中国南方大部分地区交通中断，电力、供水设施遭受重创，春运受阻，群众日常生活受到严重影响。2008 年初发生的灾害事故投入人员之众、物资之多，为 1998 年抗洪以来所仅见，本次灾害共造成了直接经济损失 1516.5 亿元人民币，但保险公司的保险赔付仅为 60.39 亿元，救灾比率仅为 3.98%，远低于 32% 的国际平均水平，凸显了我国保险业在重大灾害事故面前发挥的作用极其有限。

2. 2008 年汶川地震

2008 年 5 月 12 日发生的汶川地震，是中华人民共和国成立以来破坏力最大的地震，也是唐山大地震后伤亡最惨重的一次。这次地震共有 69227 人遇难，374643 人受伤，17923 人失踪。倒塌房屋、严重损毁不能再居住和损毁房屋涉及近 450 万户，1000 万人无家可归，重灾区面积达 10 万平方千米，造成直接经济损失 8452.1 亿元。

据保监会的统计数据，截至 2009 年 5 月 10 日，保险业共处理汶川地震有效赔案 23.9 万件，已结案 23.1 万件，结案率 96.7%；已赔付保险金 11.6 亿元，预付保险金 4.97 亿元，合计支付 16.6 亿元，仅占直接经济损失的 0.196%。赔案涉及遇难人员 1.29 万人、伤残 743 人、受伤医治 3343 人。在汶川地震理赔中，保险公司基本上都给予应赔尽赔、启动快速理赔绿色通道等服务，其中包括无保单受理、放宽身份要求、取消定点医院等限制等措施。截止到 2012 年 5 月，四川省纳入国家灾后恢复重建总体规划的 29692 个项目已完工 99%，概算投资 8658 亿元，已完成投资 99.5%。

上述数据充分说明，我国保险业在重大灾害事故面前再次缺位，发挥的补偿作用很小。灾后重建基本依靠国家财政投入。

再如 2010 年上海"11·15"特大火灾事故中经济损失逾 5 亿元人民币，而上海保监局所通报的关于"11·15"特别重大火灾事故相关保险排查理赔情况显示保险公司的赔付额度约为 1023 万元，保险损失与直接经济损失的比例小于 2%。由此可见，我国目前灾害管理体系中保险业的作用十分有限。以 2008 年度为例，我国商业保险赔付在灾害直接损失的分摊比例仅仅为 0.59%，远远低于国际上的平均水平 36%。目前，我国灾害救济体系中除了依靠国家财政和社会捐助的资金对灾区损失进行补偿外，实际上灾区人民承担了绝大部分由灾害所造成的经济损失。

3. 2005 年美国"卡特里娜"飓风

2005 年的"卡特里娜"飓风是美国历史上破坏性最严重的一场风灾，同时也可能是全球保险史上损失最惨重的一次事件。超过 23.31 平方公里（与英国面积大小相仿）的地区遭受"卡特里娜"破坏，超过 30 万家庭倾家荡产。飓风过境产生了高达 9000 万立方米的残骸瓦砾，造成了 1577 人死亡。

"卡特里娜"飓风造成 750 亿美元的经济损失，成为美国史上破坏最大的飓风。保险业为此损失 436 亿美元，保险赔付占总损失比例的 58.13%，占美国 2005 年巨灾保险损失（661 亿美元）的 66%。美国政府花费了超过 1090 亿美元赈灾，其中包括 896 亿美元赈灾款以及 194 亿美元用来支付国家洪水保险计划（NFIP）中的理赔。此外，美国政府还专门豁免了 80 亿美元的税务。

4. 日本 3·11 大地震

2011 年 3 月 11 日，日本当地时间 14 时 46 分，日本东北部海域发生里氏 9.0 级地震并引发海啸，造成重大人员伤亡和财产损失。日本大地震及其引发的海啸已确认造成 12431 人死亡、15153 人失踪，经济损失 2100 亿美元，相当于日本国民生产总值的 4%。

日本政府为此发行总额 10 万亿日元（约 810 亿美元）的国债，用于赈灾和灾后重建。日本大地震的普通保险金和互助保险金合计实际赔付金额达到 4.33 万亿日元（约 350.7 亿美元），保险业赔付占经济损失的 16.7%。

我国是自然灾害多发国家，同时也是更易受灾害影响的农业大国。保监会数据显示，在历次巨灾损失中，商业保险的补偿比例只有 1%—3%，远低于全球平均水平的 32%，更低于发达国家 60%—70% 的巨灾保险赔偿水平。目前，巨灾风险在我国大部分由个人和政府承担，灾害重建工作仍然主要依靠政府的力量，保险业在灾害损失补偿中发挥的作用极为有限，以保险为主要形式的市场化解决手段发挥的作用甚微。

因此，我国应该不遗余力地发展巨灾保险，构建我国巨灾保险管理体系，利用国内和国际的巨灾保险市场机制和再保险机制，充分发挥保险经济补偿、稳定社会的作用。

可喜的变化是，国务院在"新国十条"中对巨灾保险已经做出了明确的规定，"建立巨灾保险制度，围绕更好保障和改善民生，以制度建设为基础，以商业保险为平台，以多层次风险分担为保障，建立巨灾保险制度。研究建立巨灾保险基金、巨灾再保险等制度，逐步形成财政支持下的多层次巨灾风险分散机制。鼓励各地根据风险特点，探索对台风、地震、滑坡、泥石流、洪水、森林火灾等灾害的有效保障模式。制定巨灾保险法规。建立核保险巨灾责任准备金制度。建立巨灾风险管理数据库"。上述规定为我国尽快构建巨灾保险体系、完善我国灾害事故应对和管理指明了方向。

第6章
提高商业保险在社会保障中的地位和作用

传统的观点认为，社会保障体系由社会保险、社会救济、社会福利、社会优抚等几个方面构成，没有包含商业保险，这是非常片面和不恰当的。商业保险本身所具有的保障功能，必然是社会保障体系的一个重要组成部分，国务院在"新国十条"也已经明确"把商业保险建成社会保障体系的重要支柱"。因此，本书所称社会保障包括社会保险、商业保险、社会救济、社会福利、社会优抚等五个方面。

6.1 商业养老保险是我国养老保障体系的重要支柱

6.1.1 商业养老保险在社会保障不同层面的作用

保险作为一种有利于社会稳定的制度安排，被形象地比喻为社会"稳定器"。从世界各国的经验看，基本养老保险、企业补充养老保险（企业年金）和商业养老保险是组成一个国家养老保障体系的三大支柱。

随着我国改革开放事业的不断深入，越来越多的社会生活正由单位提供转变为个人承担，越来越多的个人、家庭和企业已经认识到商业养老保险的作用。同时，由于我国已经步入老龄化社会，国家养老的压力越来越大，通过大力发展商业性养老保险，可以有效缓解政府压力，提高社会保障水平，增进人民福利。社会保障体系可以分为基础型社会保障层面、成长型社会保障层面、享受型社会保障层面。商业保险作为国家社会保障体系的重要组成部分，在不同的社会保障层面发挥着不同的功效。

在基础型社会保障层面，商业养老保险的作用主要体现在参与社会保险日常管理，为社会保险提供技术和管理支持，实现社会保险资金保值增值，减轻政府财政压力，提高保障机制运营效率；在成长型社会保障层面，商业养老保险的作用主要体现在通过开展企业年金和团体福利计划等业务，为企业提供独立运作、专业化管理和适度保障的全程服务，成为国家社会保障体系的倡导者和主要承担者；在享受型社会保障层面，商业养老保险可以发挥主导作用，提供更多的保障产品和更高的保障程度，弥补社会保险供给的不足，丰富和完善整个国家社会保障体系。

6.1.2 提高商业养老保险的地位符合发挥市场配置资源基础作用的要求

市场经济本质上是一种自由经济、风险经济，市场主体自主经营、自负盈亏，同时也要独立承担各种风险。同样，在市场经济形成、发展的进程中，个人、家庭和企业也需要通过社会化的方式来解决养老方面的风险。如果养老等方面的风险解决不好，每个人都在担忧自己未来的生活保障，当前的消费需求就会受到抑制。商业养老保险是一种市场化、社会化的养老风险管理机制，通过这种机制，能够更有效地解决家庭养老风险，减少人们的不安全感，有效刺激家庭消费，促进经济发展，从而实现经济增长方式的转变，实现消费和投资的平衡增长。

6.1.3　我国养老保险体系现状分析

根据国际劳工组织和世界银行的定义，养老保障体系由基本养老保险、企业年金、个人储蓄和个人年金计划组成。基本养老保险由政府设立和主导；企业年金由企业提供，是一种企业行为；个人储蓄和个人年金计划则由个人和家庭决策，是个人行为。目前世界各国主流的养老金大都采用这种三支柱体系。

我国的养老金体系，在经历了一系列的改革与调整后，在 20 世纪 90 年代后逐步建立并形成了三支柱的养老保障体系。具体而言，分为社会养老保险、企业年金和个人商业养老保险。政府提供的社会基本养老保险作为养老体系的基础，相对于政府提供的社会养老保险，我们将企业年金和个人商业养老保险统称为"商业养老保险"。

我国政府在提供的社会基本养老保险体系内部又形成了机关事业单位养老制度、城镇职工基本养老保险、城镇居民基本养老保险和农村居民基本养老保险多种制度并存的格局。其中，城镇职工养老保险采取了统筹账户和个人账户相结合的方式。

我国养老保险体系的第二支柱目前包括企业年金和职业年金。企业年金是指企业及其职工在依法参加基本养老保险的基础上，自愿建立的补充养老保险制度。职业年金则是指公职人员的补充养老保险，目前中国正实行机关事业单位的养老保险改革，因此职业年金指的是机关事业单位的补充养老保险。

个人商业养老保险主要是指个人向商业保险公司购买的商业养老保险。目前我国大多数的人寿保险公司和专业的养老保险公司均开办了面向个人的商业养老保险产品，为不同养老需求的各类客户提供更加丰富、保障方式多样的产品和服务。

目前我国养老保险体系的现状，概括而言，社会养老保险"一支独大"，而第二支柱与第三支柱的企业年金和个人商业养老保险在养老保险体系中占比过低，发挥的作用非常薄弱，三支柱体系严重失衡。根据人社部公布的数据，2014 年我国社会基本养老保险和企业年金的基本情况如下：2014 年年末，全国参加基本养老保险人数为 84232 万人，比上年末增加 2263 万人。全年基本养老保险基金收入 27620 亿元，比上年增长 11.7%，其中征缴收入 21100 亿元，比上年增长 9.5%。全年基本养老保险基金支出 23326 亿元，比上年增长 17.7%。年末基本养老保险基金累计结存 35645 亿元。[①]

2014 年年末全国参加城镇职工基本养老保险人数为 34124 万人，比上年年末增加 1906 万人。全年城镇职工基本养老保险基金总收入 25310 亿元，比上年增长 11.6%，其中征缴收入 20434 亿元，比上年增长 9.7%。各级财政补贴基本养老保险基金 3548 亿元。全年基金总支出 21755 亿元，比上年增长 17.8%。年末城镇职工基本养老保险基金累计结存 31800 亿元。[②]

截至 2014 年年底，企业年金基金累计规模达 7688.95 亿元，较 2013 年年末的 6035 亿元增加了 1653.95 亿元，增幅达 27.41%。建立企业年金 7.3 万家，参加职工人数 2292.78 万人。[③]

根据中国保监会公布的《中国保险市场运行简况（2014）》的数据显示，我国商业养老保险的基本情况如表 6-1 所示：2014 年全年，全行业年金保险业务保费收入共计 2821.72 亿元，较上年增长 77.21%，其中个人年金保险保费收入 2777.04 亿元，较上年增长 81.14%；团体年金保险保费收入 44.67 亿元，较上年减少 24.6%。

根据国际经验，基本养老保险在整个养老保险体系中处于基础地位，社会养老保险作为基础保障是为了维持人们退休后的基本生活水平，而非保持退休前较高的消费水平，晚年生活品质的保障很大程度依赖于商业养老保险，应更多选择商业养老保险作为重要的养老需要。

---

① 数据来源：人社部网站。
② 数据来源：人社部网站。
③ 数据来源：人社部网站。

表6-1　我国商业养老保险保费收入情况统计表　　单位：亿元

项目		2014 年	2013 年	同比增长（%）
个人年金保险	新单保费	1661.48	474.96	249.82
	续期保费	1115.56	1058.13	5.43
	小计	2777.04	1533.08	81.14
团体年金保险	新单保费	40.59	54.52	−25.56
	续期保费	4.09	4.73	−13.52
	小计	44.67	59.25	−24.60
年金保险合计		2821.72	1592.33	77.21

资料来源：根据中国保监会的统计数据整理。

国际上基本养老保险的替代率多为 30% 左右。法国、德国、英国、荷兰等国的替代率大致在 23%—40% 之间。我国城镇职工养老保险制度最初设计的替代率目标为 58.5%，同时，事业单位人员和公务员的养老金替代率在 80% 以上，高于英国 37% 和美国 42% 的水平。过高的替代率目标使得企业和个人高度依赖政府保障，导致政府财政压力过大，也挤压了企业年金和商业养老保险的发展空间。

根据表 6-2 的数据显示，截止到 2014 年年底，我国企业年金与基本养老保险基金的比例约为 24%，而同期美国企业年金资产与基本养老金资产的比例为 1089%，两者严重倒挂，差距非常明显。

表6-2　2012—2014 年中国基本养老保险与企业年金资产规模情况 单位：亿元

	2012 年		2013 年		2014 年	
	资产规模	占比（%）	资产规模	占比（%）	资产规模	占比（%）
城镇基本养老保险基金	23941	77.1	28269	75.8	31800	73.4
城乡居民社会养老保险基金	2302	7.4	3006	8.1	3845	8.9
企业年金	4821	15.5	6035	16.2	7689	17.7
合计	31064	100.0	37310	100.0	43334	100.0

资料来源：根据人社部官网公布的统计数据整理。

根据方正金融研究院的研究，我国企业年金的平均替代率不到1%，而世界经济合作与发展组织（OECD）国家的平均替代率为9%，英国和美国则将近40%。

根据中国社科院世界社保研究中心主任郑秉文的研究，就规模而言，我国企业年金资产占我国国内生产总值（GDP）的比重约为1.2%，而全球企业年金占全球GDP的比重约为38%，即使在金砖四国中，我国企业年金占GDP比重也是最低的，巴西、印度、俄罗斯这一占比分别达到17%、5%、2%。从就业人口参与率看，我国企业年金人口参与率约为2%，而英国为8.7%、法国为10.6%、加拿大为39.4%、美国为46%。

我国三支柱的养老保障体系非常不均衡，基本养老保险"一支独大"，意味着政府承担了养老的主要责任，企业年金和商业养老保险发展迟滞。企业年金占比偏小，已成为发展中的短板。当前我国企业年金占基本养老保险的比重、员工参与率和替代率等方面，都与国际上的发达国家有很大差距。

总体而言，目前我国的商业养老保险（企业年金+个人商业养老保险）在整体养老保险体系中的占比和作用还较小，还没有发挥出其应有的作用，未来还有较大的发展空间。

6.1.4 美国养老保险体系"三支柱"情况借鉴

美国是典型的三支柱养老金体系，第一支柱是强制实施的联邦公共养老金，即老年、遗嘱及残障保险（简称OASDI）计划；第二支柱是职业养老金，一般包括针对企业雇员的401K计划，非营利组织雇员的403（b）计划以及针对政府雇员的457计划；第三支柱是自愿性个人养老金，即个人退休账户（简称IRA）计划。三支柱体系中，联邦公共养老金计划居于基础地位，覆盖全国96%的就业人口，是美国老年人生活保障的第一来源。

根据表6-3统计数据显示，截至2014年12月31日，全美养老金总资产达24.55万亿美元。其中第二支柱的企业年金或职业年金储备规模为 15.67 万亿，个人退休账户基金达 7.44 万亿美元，私人养老金（第二支柱+第三支柱）总资产合计达 23.12 万亿美元。

在全美养老金总储备中，企业年金或职业年金储备约占 64%，个人退休账户约占 30%，私人养老金总储备约占 94%。由此可见，私人养老金在美国整个养老金结构中占有绝对比重，而公共养老金则占有较小比重，私人养老金在美国整个养老金制度中占有举足轻重的地位。

截至 2014 年 12 月 31 日，美国国内上市公司股票总市值为 26.33 万亿美元，全美养老金总资产与美国国内上市公司股票总市值基本相当。

表 6-3　美国退休养老金资产在三支柱体系中分布情况　　单位：十亿美元

年份 分布	2009 年	2010 年	2011 年	2012 年	2013 年	2014 年
个人退休账户	4488	5029	5241	5907	6966	7443
DC 计划	4210	4768	4745	5253	6187	6684
私营 DB 计划	2228	2481	2525	2709	3051	3200
私人和州地方政府 DB 计划	2843	3065	2943	3113	3670	3708
联邦政府 DB 计划	1095	1161	1230	1270	1370	1438
年金	1546	1701	1716	1845	2014	2081
退休资产总计	16411	18206	18400	20096	23258	24553

资料来源：根据 wind 资讯的数据整理。

6.1.5　我国应大力发展企业年金和个人商业养老保险

现阶段，我国"三支柱"养老保险体系严重不均衡，基本养老的替代率和缴费率较高，对企业年金构成了较大的挤出效应。当前，我国企业基本养老保险缴费、医疗保险缴费、失业保险缴费、工伤、生育保险缴费分别约占工资总额的 20%、6%、1%、1%、1%。将上述五项保险缴费率合计，总计缴费率已高达 29%（还不包括住房公积金缴费）。仅就养老保险 20% 的企业缴费率而言，也已远超 OECD 国家 11.2% 和欧盟 14.6% 的平均水平。如果不降低社会保险缴费率，企业负担过重，企业年金扩大覆盖面的可行性不大。

之前在国家单一的基本养老保险体制下，我国的企业年金处于补充从属的地位，实行的是自愿建立的原则。在向三支柱模式转变后，企业年金将成为整个体系的主干，不再是补充性的层次，因而必须加大对企业年金的鼓励和政策支持力度，以使得职业年金的适用范围更加广泛，发挥更加重要的作用。

以美国为例，在全美养老金总储备中，企业年金的储备约占 64%，个人退休账户约占 30%，私人养老金在美国整个养老金体系中占有举足轻重的地位。一般而言，完善的养老保障应该由 30% 的社会养老保险、30% 的企业年金和 40% 的个人理财养老组成。

与世界发达国家相比，我国的商业养老保险的发展差距非常明显，这一方面与我国的商业养老保险体系建立较晚、历史积累较短有关，导致总体规模相对较小；但另一个重要原因是，与世界其他国家相比，我国个人购买商业养老保险的税收优惠力度不足。

美国的企业年金之所以发展非常快速、规模占比较大，这很大一部分原因是美国的商业养老体系建设是在税收优惠政策的推动下建立起来的，以最为典型的 401K 计划为例，其特点在于延迟纳税功能，这类计划允许雇主将年金报酬直接以税前供款形式存入雇员的利润分享或股票红利计划的账户中，一方面雇员的年金报酬免税，另一方面企业将供款部分列入成本降低企业税收，雇主和雇员共同供款并享受税收优惠。

此外，澳大利亚、日本等国也有类似的税延型养老金。从国外商业养老保险的税制设计过程来看，对商业养老保险给予税收优惠，本质上就是政府牺牲短期内一定的财政收入，通过递延纳税的方式，鼓励和引导就业者通过投保商业养老保险来自主安排退休金。

国务院在"国十条"中指出，"推动个人储蓄性养老保险发展"。我国个人商业养老保险面临这难得的发展机遇，应积极推动"税延养老"工作，大力发展个人商业养老保险。

因此，基于我国养老保障体系严重不均衡、企业年金和个人商业养老保险占比过低的现状，以及未来人口老龄化的严峻趋势，我国应大力鼓励并加快企业年金和个人商业养老保险的发展。同时，保险业应抢抓机遇，寻找差距和自身不足，在积极寻求外部政策和监管支持的同时，加快发展企业年金和个人商业养老保险，在完善我国养老保障体系的过程中发挥积极作用。

6.2　商业医疗保险可以发挥更大作用

6.2.1　商业医疗保险是医疗保险体系的重要组成部分

商业医疗保险的目的与社会医疗保险的目的是一致的，都是为了给居民提供医疗保障，发挥着稳定社会、保障居民医疗水平、促进发展的作用。商业医疗保险和社会医疗保险是并行的医疗保障需求解决手段，商业保险机构和社会保险机构都是医疗保险需求的解决方案提供商，是互相促进、共同发展的关系，是竞争合作的关系，而不是补充与互补的关系。二者都是医疗保险体系的重要组成内容，同属医疗保险体系的支柱。

6.2.2　发展商业医疗保险有利于促进卫生体制改革

建立商业医疗保险制度和改革医疗卫生管理体制是完善社会保障体制相辅相成的重要方面，发展商业医疗保险可带动医药卫生产业发展，促进医疗卫生资源的合理配置，改善医疗服务质量，提高医疗服务水平。在推进医疗卫生体制改革的进程中，通过发展商业医疗保险，可以改善医疗保险的风险控制机制，减少医疗费用支出。

6.2.3 发展商业医疗保险有利于满足健康保障需求

随着居民收入水平的不断提高，人民群众的健康保险意识逐步增强，对健康保障的需求也日益高涨。据国务院发展研究中心在全国 50 个城市的保险需求调查表示，居民对健康保险的预期需求高达 76%，在各类人身险种中居第一位。发展商业医疗保险，不仅可以满足人们日益增长的健康保障需求，减少人口老龄化趋势对社会基本保障的压力，还可以通过提供医疗管理服务，有效提高全民健康素质和生活质量。

6.2.4 积极推动商业医疗保险发展

在国外，商业医疗保险已有一百多年的历史，美国 80% 以上的人口享有商业医疗保险，德国有 8500 万人享有此项保险，而在我国商业医疗保险则刚刚起步。相对于社会医疗保险而言，商业医疗保险在我国的发展很不充分。我国现阶段的商业医疗保险还存在一些突出的问题，阻碍商业医疗保险的健康发展，主要表现为：一是商业健康保险公司险种开发乏力，医疗保险品种少，保障方式单一，不能满足多层次社会需求，特别是在我国目前医疗市场因医疗服务质量差、医疗资源浪费以及医德风险等人为因素影响下，造成医疗费用急剧上升，以致健康保险公司不敢大力开发商业医疗保险险种；二是健康保险公司有待加强在风险管理、条款设计、费率厘定、业务监督等方面具有较高专业水平的人才；三是部分寿险公司由于技术滞后，在兼营健康保险时人为地限制了医疗保险的发展。目前很多寿险公司推出的医疗保险属附加险，如要投保医疗险，必须先花几倍甚至十几倍的钱去买一个养老保险作为主险，这样加大了投保人的经济负担。

商业健康保险应根据目前的医疗保险状况，搞好市场调研，掌握不同区域、不同层次、不同人群对医疗保险产品的市场需求情况，选择容易控制经营风险的模式，加强医疗险种设计、开发和业务管理工作，将现有的综合医疗保险逐步细化，不断丰富医疗保险的险种，以满足不同层次的医疗保险需求。我国商业医疗保险潜在市场很大，应适时加强健康保险产品的开发和推广，这将对我国医疗保险业的发展与完善起到积极的推动作用。

第7章

保险业在金融业中的地位与作用

7.1 保险的金融属性

作为金融的一个重要组成部分，保险的资金融通功能随着现代保险业，尤其是现代寿险业的迅速发展和金融环境的不断完善而越来越突出。所谓资金融通，是指资金的积聚、流通和分配过程，保险的资金融通功能则是指保险资金的积聚、运用和分配功能。

保险的资金融通功能与金融市场的发达程度密切相关，在银行主导型的传统金融市场中，金融资源配置方式主要通过银行的间接融资来完成，保险对金融资源配置的功能受到极大的限制。随着经济的发展，以及金融创新的日新月异，特别是保险资金更多地进入资本市场（债券市场和股票市场），直接参与企业的股权融资或债券融资，保险资金融通功能发挥的空间将越来越广阔，保险业已在金融市场中占据非常重要的地位，是资产管理和股票市场的重要参与者。[①]

由于保险资金具有规模大、期限长的特点，充分发挥保险资金融通功能，一方面可以积聚大量社会资金，增加居民储蓄转化为投资的渠道，分散居民储蓄过于集中银行所形成的金融风险，另一方面可以

---

① 中国保监会武汉保监办课题组. 对保险功能的再认识[J]. 保险研究，2003，（11）.

为资本市场的发展提供长期的、稳定的资金支持，实现保险市场与货币市场、资本市场的有机结合和协调发展。正是由于保险具有资金融通功能，进而具备了金融属性，因此保险业便与银行业、证券业一起成为金融业的三大支柱。①

7.2　金融及保险在现代经济体系中的地位和作用

金融的内容可概括为货币的发行与回笼，存款的吸收与付出，贷款的发放与回收，金银、外汇的买卖，有价证券的发行与转让，保险、信托、国内、国际的货币结算等。从事金融活动的机构主要有银行、信托公司、保险公司、证券公司、基金公司、信用合作社、财务公司、资产管理公司、金融租赁公司以及证券、金银、外汇交易所等。

金融业作为经营金融商品的特殊行业，它包括银行业、保险业、信托业、证券业和租赁业等。金融业在现代经济中处于牵一发而动全身的地位，关系到经济发展和社会稳定，具有优化资金配置和调节、反映、监督经济的作用。金融业的独特地位和固有特点，使得各国政府都非常重视本国金融业的发展，进而将金融业的稳定和发展作为国家治理层面的重要内容。

金融业处于现代经济的核心地位，因为现代经济就是市场经济。而在现代市场经济条件下，金融既是现代市场机制的主导，也是整个现代经济市场体系中最重要的组成部分。

7.2.1　金融对现代经济体系的重要性

1. 金融是储蓄向投资转化的关键环节

众所周知，投资、出口、消费是推动经济发展的"三驾马车"，而作为三驾马车中重要支柱之一的投资，是现代经济发展的重要发动机，

---

① 中国保监会武汉保监办课题组. 对保险功能的再认识[J]. 保险研究，2003，（11）.

其所需的资金来源，都是直接或间接地依靠金融业，或以金融市场为平台从储蓄资金中获取。也就是说，在储蓄向投资的转化过程中，金融具有不可替代的作用。

2. 金融市场是市场机制的主导和枢纽

市场机制对现代市场经济的作用不言而喻。而金融之所以能够在市场机制中起到主导与枢纽作用，主要原因是金融作为货币资金交易的渠道和场所，以其特有的运作机制使居民、企业和政府部门的储蓄汇成巨大的资金流，推动和润滑着现代商品经济这个巨大的经济机器持续地运转。

7.2.2 金融在现代经济中的作用

金融在现代经济中最主要的功能，是满足社会再生产过程和国民经济发展中的投资要求和融资需要，促进资本的集中与转换。具体可以归结为以下几点：

一是聚敛功能：这一功能主要由银行系统或者说主要由货币市场来实现和完成。

二是配置功能：这个功能，主要由证券市场或者资本市场，尤其是股票市场来承担。配置功能充分地体现在，使有限的经济资源最为有效地配置到对于经济资源使用效率高的公司手里。

三是调节功能：通过相应的货币政策，调节宏观经济投资力度，或者以压缩投资膨胀来抑制通货膨胀，或者以增加资金投放量来刺激投资、刺激需求等。

四是在资金供给者与资金需求者之间搭建资金传递桥梁，包括资金传递通道与资金传递价格两部分。

五是金融体系为金融产品的投资者提供了卖出其所持有金融产品的场所或投资变现的空间、投资者退出机制，比如股票的卖出、国债的转让、基金的赎回等。

六是（真实）价格（或价值）的发现功能。在资本市场里，货币资金供需双方可以利用完善的金融市场交易规则、集合交易、公开竞价的交易制度，形成真正反映市场供求关系的金融资产价格、真实反映市场的资金供求关系和价格水平。

7.2.3 保险业对于现代经济的特殊意义

保险业对于现代经济的重要性，主要是通过对于金融业的积极作用而间接表现出来的。加快保险业发展，发挥保险在金融资源配置中的重要作用，对健全金融体系、支持我们市场经济发展，具有重要意义。

1. 有助于优化金融体系结构、实现金融市场协调发展

我国金融体系极不平衡。银行业在资产规模、资本实力等方面都占据非常明显的主导地位。银行主要依靠吸纳中、短期存款来支持它的长期贷款业务，资产负债期限不匹配现象非常突出。相反，保险业务形成和积累资金主要是长期资金，所以，重视和加快保险业发展，有助于形成多层次、多支柱的现代金融体系。国际上经济发达的国家，保险资产占金融资产的比重平均在 20%—30% 之间。而我国保险资产占金融资产的比重仅为 5%，这说明金融结构还需要进一步优化，同时也说明保险业在完善金融体系、稳定社会等方面肩负着重要责任。

2. 有助于促进储蓄向投资转化

通常，在发达市场经济国家的金融体系中，保险业占据着与商业银行、资本市场并驾齐驱的重要地位；由于保险资金的投资渠道非常广泛，随着保险资金的累积、规模的不断扩大，将进一步使得大量资金通过保险的资金运用而进入投资的各个领域。

3. 有助于促进金融资源配置

保险业全面、深入地介入金融资源的配置过程，将为我国金融运行提供一种不可缺少而且难以由其他金融机制所替代的稳定因素。保险业是一种筹集长期资金的金融机制，正由于这种特殊的筹资机制，使得保险基金成为金融市场中真正长期持有公司股票且以金融稳定为其发展条件的大型机构投资者。

金融体系的成熟发展，必须拥有多样化的能够发挥不同作用的金

融机构和金融机制。在我国现有的金融机构中，从存款类机构（银行）
到投资中介类机构（证券公司），甚至包括各类基金，大多都只能是短
期投资者。因而就使得它们难以成为稳定经济发展的主要力量，甚至
可能成为放大经济和金融波动的破坏因素。

　　保险机构以及养老基金等机构组织则不同，由于其资金来源的确
定性、稳定性和长期性，追求的是市场的平稳增长和利润的长期化。
反过来说，保险业要获得正常与健康的发展，重要条件之一，也是金
融稳定。简言之，保险资金全面进入金融资源的配置过程，固然有为
经济建设筹集更多资金的作用，其更重要的作用，则是为经济发展和
金融体系发展提供强大的稳定力量。这样的稳定力量，正是我国金融
市场发展中长期所缺少的。从这个意义上说，保险业的大发展，将推
动我国金融体制进一步成熟。保险业发展对健全金融体系有重要意义。

7.3　金融混业经营及其对保险业的影响

7.3.1　国外金融业混业经营情况简介

　　1. 国际金融混业经营的历史概况

　　在 20 世纪，国际金融业的发展历程大致经历了"混业经营—分业
经营为主流、混业经营并存—混业经营"三个阶段。1929 年之前的世
界各国的金融业大都实行混业经营。[①]

　　1929 年爆发的世界性经济危机重创了各国经济，当时一些经济学
家认为其主要是由银行混业经营造成的，于是美国在 1933 年制定了《格
拉斯—斯蒂格尔法》，确立了金融分业经营的格局。但另一部分国家的
经济学家并不认为这是由混业经营造成的，因而这些国家仍然采用混
业经营金融体制。这样就形成了美国、日本、英国、加拿大、比利时、

---

　　① 杨忠海.混业经营：我国保险业发展的必由之路[J].学习与探索，2006，（2）.

瑞典等国采用的分业经营和法国、德国、意大利、荷兰、瑞士等国采用的混业经营两种不同的金融经营体制。很多发达国家追随美国采取分业经营，分业经营成为这一时期的主流。①

20 世纪 80 年代，随着金融交易技术的进步、信息处理和传输手段的改进，在金融自由化和金融活动全球一体化趋势不断强化的推动下，越来越多的国家纷纷放弃原先的金融分业管制政策，致使越来越多的金融机构热衷于多元化经营并采取兼并收购等手段向其他业务领域渗透。英国（1986 年）、日本（1988 年）、东欧等国先后实行混业经营。②

1999 年 11 月 4 日美国《格拉斯—斯蒂格尔法》的废除和《金融服务现代化法案》的通过，彻底拆除了银行、证券和保险业之间的藩篱，允许商业银行以金融控股公司的形式从事包括证券和保险业务在内的全面金融服务，实行混业经营。《金融服务现代化法案》结束了美国长达 66 年之久的金融分业历史。该法案的通过对全球都产生了深刻影响，标志着国际金融业发展潮流已经基本完成向混业经营的转变。

2. 国际金融混业经营的主要模式

国际上金融混业经营主要有两种主流模式：一是金融控股服务集团，采取金融控股公司和母子公司制的形式，主要以美国和英国为代表；二是全能银行模式，主要以德国为代表。

（1）金融控股公司模式

金融控股公司模式即在金融控股公司或集团外设立若干个子公司，从事银行、证券和保险等业务，其特征是多个法人、多张执照和多种业务。金融控股公司又可以分为纯粹控股公司和经营性控股公司两种类型。③

纯粹控股公司的设立目的只是为了掌握子公司的股份，从事股权投资收益活动。经营性控股公司是指既从事股权控制，又从事实际业务经营的母公司。

① 杨忠海.混业经营：我国保险业发展的必由之路[J].学习与探索，2006，（2）.
② 杨忠海.混业经营：我国保险业发展的必由之路[J].学习与探索，2006，（2）.
③ 杜莉，高振勇.金融混业经营及其监管：德国和英国的比较与借鉴[J].经济体制改革，2007，（2）：152—155.

金融控股公司内部的信息交流的限制使信息优势减少，不同业务主体的隔离使规模经济、范围经济实现程度降低，业务协调成本和控股公司经营成本增加；但是另一方面，金融控股公司的利益冲突、风险传递等系统风险有所减轻，扩展了证券部门的安全网，控股公司在市场和分销网络上可能实现协同效应。[①]

（2）全能银行模式

全能银行模式是指在金融机构内部设置若干业务部门全面经营银行、证券和保险业务，其特征是一个法人、多张执照和多种业务。对于全能银行模式而言，从系统运行效率来看，公司内部各个部门、各项业务可以实现资源共享，信息资源流动性最高，公司实现收入多元化；信息优势充分发挥，规模经济、范围经济的实现程度最高，不同金融业务协调成本最低，金融系统运行实现高度效率。[②]

全能银行不受金融业务分工的限制，不仅能够全面经营商业银行、投资银行、保险等各种金融业务，为企业提供中长期贷款、有价证券的发行交易、资产管理、财产保险等全面的金融服务，而且还可以经营不具备金融性质的实业投资。德国经济取得的成就与其独树一帜的"全能银行型"金融制度密切相关。[③]

7.3.2 中国金融业混业经营的未来趋势及驱动因素

金融混业经营是金融自由化的主要内容之一，是金融市场主体结构和金融资本机构的重新配置，是金融业发展到一定阶段的产物。其突出表现是金融机构功能的重新组合，银行、保险、证券、信托机构等都可以以一定的方式相互进入对方业务领域甚至非金融领域，进行多元化经营。

---

① 杜莉,高振勇. 金融混业经营及其监管：德国和英国的比较与借鉴[J]. 经济体制改革,2007,（2）：152—155.

② 杜莉,高振勇. 金融混业经营及其监管：德国和英国的比较与借鉴[J]. 经济体制改革,2007,（2）：152—155.

③ 杜莉,高振勇. 金融混业经营及其监管：德国和英国的比较与借鉴[J]. 经济体制改革,2007,（2）：152—155.

混业经营是中国金融业的未来发展趋势，这是国际、国内形势所决定的，也是时代发展的需要。当代金融业经营模式向混业经营演进的动因，归纳起来主要有两方面因素。

1. 需求方面的因素

（1）全球竞争的需要。在全球竞争中，金融业规模的大小和业务范围的宽窄等都将影响到企业的竞争力和生存、发展空间。

（2）分散风险的需要。金融行业的高风险性决定了其有通过多元化经营分散风险的动力。

（3）追求规模经济的需要。混业经营使金融行业的平均成本曲线比普通行业平缓，即具有更大规模的经济潜力。

（4）客户对金融商品需求的多样化。客户对金融商品的需求大多是综合性需求。因此，客户都希望得到"一站式"全过程金融服务，即在任何一家金融机构都能得到各种各样的金融服务，就如同在"金融超市"选购金融商品。而这一切，只有在金融业实行混业经营的情况下才能做到。

2. 供给方面因素

（1）新技术革命的推动。以计算机和互联网为特征的新技术革命极大地降低了金融数据处理与金融通信的成本，使金融管理技术开发与金融信息传播的效率得到很大的提高，从而使金融机构业务扩张能力大为增强，可以进入原先不敢进入或无法进入的其他业务领域。

（2）金融监管当局的监管理念变化及外部监控体系的改进。金融监管经验日趋丰富、国际金融监管合作不断扩大，金融监管机制日益健全，从而使管理当局有能力对全能型金融机构的业务实施有效的监管。

（3）金融工程技术与金融衍生品为风险控制提供了全新手段。现代金融工程技术的革命性进展，金融衍生品与对冲手段的不断丰富，也使金融机构控制多元化经营风险的能力得到大幅度提高。

结合我国当前的监管配套情况，以及金融行业已经在探索发展中的混业经营模式，未来我国金融业的混业模式将以金融控股集团模式为主，且在混业经营模式下，未来某单一金融类别的公司兼并收购其

他类别的金融牌照和业务的情况将越来越多,综合金融将是未来金融
领域的主要模式。

7.3.3 金融混业经营对保险业的积极作用

我国目前的金融混业经营模式主要是通过金融或保险服务集团的
方式,这种方式下的混业经营,对保险有着较为积极的促进和影响,
主要体现在三个方面。

一是能够为客户提供全方位的服务,提高金融交易效率,减少金
融交易成本。金融服务集团可以对金融服务进行全新的组合和包装,
使具有不同消费偏好的客户在一家金融服务集团就可以享受到包括银
行服务、证券服务、保险服务及其他服务在内的最广泛金融服务。

二是有利于共享销售网络和客户资源。金融服务集团可以使银行、
证券、保险的销售网络和客户资源得到共通共享,提高销售网络和客
户资源的利用效率。

三是金融服务集团的业务多样化,一部分业务的亏损可由其他部
分业务活动的赢利来补偿,通过金融业务的优化组合,平衡金融风险,
维护整个金融体系的稳定。

7.4 保险业在金融行业的地位和未来趋势

7.4.1 我国保险业在金融业的占比和地位

保险业在一国金融市场中的地位可以用其资产占该国整个金融体
系资产的份额以及保险业对整个金融市场资金来源的贡献来衡量。我
国金融行业各主要子行业的资产规模情况如下。

1. 银行业

2014 年年末,银行业总资产为 172.3 万亿元,同比增长 13.87%,

总负债为 160 万亿元，同比增长 13.35%。

2013 年年末，银行业总资产为 151.35 万亿元，同比增长 13.27%，总负债为 141.18 万亿元，同比增长 12.99%。

2012 年年末，银行业总资产为 131.27 万亿元，同比增长 17.7%；总负债为 122.63 万亿元，同比增长 17.5%。

2. 证券业

2014 年年末，120 家证券公司总资产为 4.09 万亿元，净资产为 9205.19 亿元，行业托管证券市值 24.86 万亿元，中国资本市场有 2592 家上市公司，A 股市值总规模达到 37.11 万亿元。

2013 年年末，115 家证券公司总资产为 2.08 万亿元，净资产为 7538.55 亿元，证券公司托管证券市值 15.36 万亿元，受托管理资金本金总额 5.2 万亿元。

2012 年年底，114 家证券公司总资产为 1.72 万亿元，净资产为 6943.46 亿元，托管证券市值 13.76 万亿元，受托管理资金本金总额 1.89 万亿元。

3. 保险业

2014 年年末，中国保险业总资产合计 10.2 万亿元，同比增长 22.6%；净资产为 1.3 万亿元，同比增长 56.4%。

2013 年年末，保险业总资产为 8.29 万亿元，同比增长 12.7%，资金运用余额为 7.69 万亿元，同比增长 12.15%。

2012 年年末，保险行业资产总额为 7.35 万亿元，同比增长 22.3%。保险资金运用余额 6.85 万亿元。

4. 信托业

2014 年年末，信托行业资产管理规模 13.98 万亿元，全行业经营收入 954.95 亿元，利润总额 642.3 亿元。

2013 年年末，信托业管理资产规模 10.91 万亿元，同比增长 46%；信托行业总利润达 568.61 亿元。

2012 年年末，信托行业资产管理规模 7.47 万亿元，其资产规模首次超越保险行业，成为国内仅次于银行业的第二大金融部门。

表 7-1　我国金融行业各主要子行业的资产规模及占比统计　单位：万亿元

行业＼年份	2014 年		2013 年		2012 年	
	总资产	占比（%）	总资产	占比（%）	总资产	占比（%）
银行	172.3	85.9	151.35	87.7	131.27	88.8
证券	4.09	2.0	2.08	1.2	1.72	1.2
保险	10.2	5.1	8.29	4.8	7.35	5.0
信托	13.98	7.0	10.91	6.3	7.47	5.1
总计	200.57	100.0	172.63	100.0	147.81	100.0

数据来源：根据中国保监会、银监会、证监会、信托行业协会等官方网站统计信息整理所得。

根据表 7-1 情况统计，不难发现，当前中国的金融体系中，银行业处于绝对主导地位，金融业中其他三个行业的资产总和尚不及银行总资产的零头。

具体而言，截至 2014 年年底，保险业总资产占金融业总资产的比例仅为 5%，银行业总资产占金融业总资产的比例为 86%，信托业总资产占比为 7%。

与银行业相比，无论从资产规模还是从社会影响以及在社会资本融通等方面，保险业还有着明显的差距。

证券行业的总资产虽然小于保险行业，但是其托管的证券市值达到 24.86 亿元（2014 年年底），对应的上市公司的总市值约为 37 万亿元（2014 年），针对资本市场任何的政策变化或披露，均会引起社会的极大关注和回应，客观而言，目前证券行业，尤其是资本市场吸引的社会和政府的注意力远非保险业可比。

信托行业在 2013 年的资产管理规模就超越了保险行业，就总资产规模而言，信托业目前是金融行业的第二大行业。

综上所述，目前无论是从资产规模还是从受关注程度以及发挥的社会资本的融通作用方面，保险业相对于金融业中其他三大主要行业而言，地位是最低的。

7.4.2　中国保险业在金融业的地位和作用的未来趋势

在发达国家和新兴市场，银行、保险和养老金公司以及基金管理公司在整个金融体系中的相对比重较为合理，银行、保险和证券三大支柱的支撑使得整个体系非常稳固。

表 7-2 统计数据显示，在美国，银行、保险和养老金公司以及基金管理公司的资产规模大致相当。英国、瑞士、日本和法国等国的银行资产所占的比重约在 60% 左右；即使在银行资产占比相对较高的韩国、德国和意大利等国家和地区，该比率也不超过 80%。

表 7-2　国际部分发达国家及金融机构资产的行业分布

机构类别	美国	英国	瑞士	日本	法国	韩国	德国	意大利
保险和养老金公司资产占比（%）	40	38	33	28	18	18	14	13
银行资产占比（%）	34	55	56	68	66	72	72	72
基金管理公司资产占比（%）	26	7	11	4	16	10	14	15
资产总规模（万亿美元）	29.1	8.1	3.1	10	7.3	1.2	11	4.3

资料来源：胡忠兵，安琳. 麦肯锡关于中国寿险业的最新研究报告[J]. 保险研究，2006（1）。

在我国金融领域，保险业总量小、地位低和作用弱的现象十分突出。虽然我国现在已经是世界第二大经济体，股票市场总市值也位居世界第二，但保险总资产在金融业的占比，远不及排名世界第一的美国，与世界其他发达国家相比，也差距明显。

显然，中国保险业的总资产占比以及在金融领域应发挥的作用和地位，都与其世界第二大经济体不相匹配，因此无论从国家治理或战略的高度，还是未来行业发展的自然趋势，我国的保险业还将有较大的发展空间，其在金融业的地位和占比将有更大幅度的提升。

保险在一国金融体系中发挥着银行等其他金融中介无法替代的稳定作用。因此提升保险业在整个金融体系中的地位，将有助于我国形成多层次、多支柱的现代金融体系。大力提升我国保险业在金融业的地位，将对现代金融体系有如下的促进和积极作用。

（1）完善资本市场结构、提高市场效率，有效防范资本市场的短期波动，增加资本市场资金的供给，为资本市场提供长期稳定的优良资金。

（2）缓解金融风险过度集中于银行业的压力，在目前我国间接融资占据主导的情况下，我国银行承担了一些本应由金融市场承担的风险，而这一点当市场信心在遭遇金融危机严重打击的情况下，其负面表现无疑更甚。减轻整个国家金融体系对于银行的依赖，将有助于银行和保险公司通过不同的服务和渠道，实现资本和风险在经济体内的有效配置和分散，增加金融体系的弹性，提高金融体系的效率。

7.5　大资管时代下的保险业

7.5.1　大资管时代的背景及中国各经营主体的基本情况

1. 我国大资管时代的基本背景

2012 年下半年以来，我国证监会、保监会、银监会针对资产管理市场密集出台了一系列新的规定，一场自上而下的金融改革拉开序幕。新政打破了各类金融机构资管业务分割的局面，放松了对券商、基金、保险资管的投资范围限制，降低了各金融机构金融产品销售渠道方面对银行的过分依赖，弱化了信托在融资渠道方面的垄断地位，业务范围在各金融机构之间"双向打开"：

银行获准在城商行设立基金公司；

基金公司获准受托管理保险资金、可通过设立子公司形式开展实业投资；

证券公司获准开展受托管理保险资金，开展公募基金业务、开展基金托管业务、拓展资产管理业务范围；

保险资金可以开展资产管理业务、开展公募基金业务、受托管理养老金以及企业年金等机构的资金；

私募基金可开展公募基金业务；

信托公司可开立股票账户。

随着以往分业经营壁垒被逐渐打破，银行、券商、保险、基金、信托、资产管理公司等各类资产机构涌向同一片海。伴随我国经济增长和居民财富的快速增加，以及新政放松了对各金融机构在资管领域的管制，我国资产管理市场将迎来新的发展纪元，我国大资产管理时代正式来临。

新的行业竞争格局压缩了原有的制度红利，也为各类机构的混业经营提供了崭新的发展机遇。在利率市场化、人民币国际化的大背景下，整个资产管理行业的产业链不断延伸，跨界竞争与合作更为常态化。①

2. 大资管背景下各经营主体的资管规模概况

当前中国金融市场中，资产管理类产品主要包括基金产品、银行理财产品、委托贷款、证券公司产品、保险公司产品、信托公司产品等。因此，银行、保险、信托、基金、证券成为中国资产管理市场的主要参与主体，分享中国快速增长的资产管理市场，已开始形成中国资产管理市场的多极化格局。

在资产管理行业跨界竞争、创新合作的大潮中，保险、信托、公募基金、私募基金、银行和券商在业务层面已展开了针锋相对的竞争。各家机构急切地寻找自己的突围之路，逐步在产品设计、渠道布局、盈利模式创新等方面走出传统业务范畴，从差异化经营和多元化资产

---

① 巴曙松，陈华良，王超. 2013 年中国资产管理行业发展报告：大资管时代来临[M]. 北京：中国人民大学出版社，2013.

组合配置中获取进一步的增长动力。

如表 7-3 所示，截至 2012 年年底，我国资产管理总规模突破 30 万亿元，2013 年总规模达 41.66 万亿元，2014 年年末主要资产管理机构的管理资产规模累计 58.76 万亿元。

表 7-3　中国各主要资产管理机构的管理资产规模统计　单位：万亿元

类别 ＼ 年份	2013 年年底	2014 年年底
信托业总资产	10.91	13.98
银行理财产品规模	10.21	15.03
保险资金运用余额	7.69	9.3
基金公司及其子公司专户业务规模	1.44	4.96
公募基金管理规模	3	4.54
私募基金管理规模	3.22	3
券商资管业务规模	5.19	7.95
合计	41.66	58.76

资料来源：中国保监会、银监会、证监会、信托行业协会等相关官方网站公开统计信息整理所得。

2014 年年末，银行业金融机构共发行理财产品 19.13 万款，同比增长 27.53%；银行理财产品余额 15.03 万亿元，同比增长 46.78%。

2014 年年末，信托资产规模为 13.98 万亿元，保险公司总资产达到 10.2 万亿元，资金运用余额为 9.3 万亿元。

证监会监管范围内，证券公司、基金公司、期货公司及各类私募基金的资产管理规模，从 2012 年年末的 7.2 万亿元增长到 2014 年年底的 20.5 万亿元，两年增长了 185%。

其中，证券公司资管业务、基金公司及其子公司专户业务管理资产总规模 12.91 万亿元，较 2013 年年底增加 6.26 万亿元，增长 94%。证券公司资管业务管理资产规模 7.95 万亿元，较 2013 年年底增加 2.74

万亿元，增长 53%；基金公司专户业务管理资产规模 1.22 万亿元，较 2013 年年底增加 7501 亿元，增长 158%；基金子公司专户业务管理资产规模 3.74 万亿元，较 2013 年年底增加 2.77 万亿元，增长 285%。

截至 2015 年 6 月 30 日，基金管理公司及其子公司、证券公司、期货公司、私募基金管理机构资产管理业务总规模约 30.35 万亿元。其中，基金管理公司管理公募基金规模 7.11 万亿元，基金管理公司及其子公司专户业务规模 9.05 万亿元，证券公司资产管理业务规模 10.25 万亿元，期货公司资产管理业务规模 419 亿元，私募基金管理机构资产管理规模 3.89 万亿元。

7.5.2　大资管背景下中国保险业的未来趋势

中国经济在过去三十年间，经历了非常快速的发展，居民收入不断提高，家庭财富逐步积累，家庭财富结构也日趋多元化。随着中国家庭财富的不断增长，对投资理财、资产的保值增值的需求越来越旺盛。同时，随着金融监管的逐步开放、大资产管理时代的到来，保险资产管理面对的外部经营环境更加复杂，这给保险业发展带来更大挑战与风险的同时，也意味着面临着难得的机遇。

大资管时代，银行、证券、信托、基金和保险等各类资产管理机构纷纷涌入，各类金融机构的资产管理业务范围极大拓宽，金融机构之间既有竞争又有合作，形成你中有我、我中有你的局面。

我国的资产管理市场起步较晚，目前的资产管理产品类型较为单一，远未能满足社会不同的风险偏好体系的投资者的需求，未来各资产管理机构的竞争将越来越激烈。

面对广阔的资产管理市场，未来各资产管理机构的竞争优势将取决于明确的客户群体定位、为客户设计并提供与其风险偏好相匹配的投资产品、专业高效的运作效率、优秀的业绩。

2012 年 10 月以后，保险"投资新政"的陆续出台和《保险资金委托投资管理暂行办法》构成了保险资产管理行业的主要政策变化。新政极大地拓宽了险资的投资范围，也增加了险资运作的委托机构，同时允许保险资产管理公司开展公募基金业务，开展资产管理业务。这不仅能帮助规模庞大的险资提高收益率，清晰了保险资金与其他资管机构的合作路径，也推动了保险公司利用保险资产管理公司平台向全面资产管理市场的进军。

保险资产管理公司一方面通过自身开展的业务，另一方面加强与其他金融机构的合作，在未来的资管市场中将占据重要地位。大资管背景下，预计我国保险行业未来将有如下发展趋势。

1. 资产管理规模将更加快速地积累与增长

保险投资新政之前，保险资产管理公司仅能接受和管理保险业内的资产，新政之后，保险资产管理公司可以开展公募基金业务，该项政策的调整极大地拓宽了保险资管公司的业务范围和市场空间，未来保险资管的公募业务将经历规模由小到大、产品由单一到复杂、公募业务管理经验逐步积累、投研能力逐步加强、品牌价值逐步建立、市场份额逐步占有并扩大的过程。

保险业的投资风格素以稳健、持久、注重长期价值而为投资者所称道，随着保险资管公募业务的放开，保险资产管理公司更能获得以风险偏好稳健、追求长期资产价值稳定的高净值客户的青睐，未来这一部分的客户将会被更多地吸引到保险资管业务中来。同时，保险公司拥有先天的保障优势，在为这些新增的客户提供丰富的财富管理服务的同时，又能为其提供合理的保障需求，从而带动保险公司保费的增长。因此，我们认为未来随着资产管理市场竞争格局的逐步深化，保险业将会获得更多的市场份额。

2. 保险资金运用的受托主体范围更加丰富，整体投资能力将进一步提升

"投资新政"之前，保险资金运用存在着明显的行业壁垒，资金多在保险行业内委托管理，跨行业委托的现象较为少见。大资管时代，受托主体呈现出多元化特征。保险公司不仅可以将资金委托给保险资产管理公司，也可以将资金直接委托给基金公司，或通过购买资产管理产品的形式委托给证券公司或信托公司。同时，保险公司也可以接受外部机构的委托，开展受托资产管理业务。这将很大地改善保险行

业整体的投资能力和收益水平，进而提高保险产品和保险资管产品的竞争力，获取更多的客户和资金。

3. 投资渠道逐步拓宽，资产配置水平将会提高，保险业在资本市场及金融领域将发挥更加积极、重要的作用

"投资新政"增加了保险公司债券投资种类，提高了无担保公司债券的投资比例，拓宽了海外投资的区域和市场范围；保险公司可以投资银行、证券公司、信托公司和保险公司发行的金融产品。保险公司资金运用渠道显著拓宽。

投资渠道的拓宽从外部条件和内部动力两个方面促进了保险公司资产配置水平的提高。一方面，资金运用新政拓宽了资金运用渠道，为保险公司资产配置提供了充足的产品，为保险行业资产配置提供了丰富的工具，为保险公司资金运用提供了良好的外部条件。另一方面，资金运用渠道的拓宽也为保险公司资产管理产品创新提供了内部动力，为保险公司积极寻找优质投资品种、提高收益水平提供了内部动力，有利于提高资产管理的收益率水平。

4. 中国保险业将在国家重大基础设施建设、城镇化建设、对接实体经济、推进产业升级等方面发挥更大的作用

外部因素：2014 年 8 月，国务院发布了《国务院关于加快发展现代保险服务业的若干意见》，文中明确提出"鼓励保险资金利用债权投资计划、股权投资计划等方式，支持重大基础设施、棚户区改造、城镇化建设等民生工程和国家重大工程"。

2014 年 1 月，中国保监会发布的《关于加强和改进保险资金运用比例监管的通知》，进一步放宽了权益类投资、不动产投资、其他金融资产投资的上限比例，从而为保险业投资重大基础设施、城镇化建设工程等提供了良好的监管政策的支持。

内部因素：保险资金基于自身对长期资产、稳健型的投资项目的内在需求，更需要不断地发掘和寻找周期限长、收益稳定、风险相对较低的稳健型投资品种，这种内在需要就决定了保险业未来将会有更多的资金投入到基础设施投资、棚户区改造、城镇化建设等的国家重大工程中。

同时，未来保险资金将更加直接地投资到未上市公司股权，对接实体经济，向金融产业链的上下游延伸，这有利于保险公司寻求更加适合自身资金特点的长期投资项目，逐渐摆脱对证券市场的依赖，提高投资收益水平，改善资产负债错配程度。

第8章

保险业与资本市场的发展

8.1 保险业与资本市场的关系及相互作用

近年来，资本市场最大的发展就是投资主体的机构化，机构投资者的行为已经日益成为国内和国际资本市场的重要决定因素。机构投资者凭借雄厚的资金实力和先进的投资技术手段进行专业化的资产管理，对整个资本市场的竞争、运行效率和规模扩张都产生了巨大的影响。

作为资本市场上最重要的机构投资者之一，保险机构的入市资金量大，持股时间较长，更注重投资的安全性和长期收益，这在一定程度上减缓了市场的短期波动，因此在发挥对资本市场的稳定作用方面，可以引领广大中小投资者走向成熟、理性投资，从而遏制市场投机行为。

保险机构拥有信息、研究分析优势及科学完善的决策机制，为资本市场稳定发展的重要主导力量，因此保险业的发展对资本市场有极大的推动作用，发达的保险业意味着积累了巨额、稳定的保险基金，有理性的保险市场主体和有效的保险监管体系。

同时，资本市场最需要保险这种长期资金，使得保险投资可以成为改进资本市场及上市公司效率的稳定力量，保险资金是最受资本市场欢迎的机构投资者。下面将陈述保险资金与资本市场的相互作用。

8.1.1 为资本市场提供长期稳定的资金来源

保险资金适合长期投资。保险业务的特性使保险公司拥有大量的长期稳定的投资基金，保险业通过吸收长期性的储蓄资金，可以为资本市场发展提供长期稳定的资金支持。保险公司可以作为机构投资者参与二级市场的流通，也可以筹资者的身份发行股票和债券。既增加了资本市场资金供给，又刺激了资本市场筹资主体的资金需求，扩大了资本市场的规模。

8.1.2 改变资本市场机构投资者的格局

1. 机构投资者的重要性

我国证券市场的投资者结构过于分散，机构投资者过少，散户占绝对优势。因此，为了促进证券市场的发展，需要大力培育机构投资者。

2. 促进保险业与资本市场融合

保险业与资本市场的融合可以壮大资本市场机构投资者队伍，促进市场主体的发育成熟。在资本市场上有筹资、投资和投机等不同目的的市场主体，而保险公司是资本市场上的长期投资者，其投资遵循的原则是安全性。

长期、稳定和数额巨大的保险资金是稳定资本市场的重要力量，可以大大削减投机者带来的市场大幅度波动风险，也可以改善资本市场上散户众多而缺乏理性机构投资者的状况。

3. 完善资本市场结构、提高市场效率

保险资金在一级市场上承购、包销、购买新证券，刺激一级市场的发展。在二级市场的投资，可以提高资本的流动性，活跃市场。保险公司为了保证自身投资的安全和获取理想的投资收益，必然通过持有人地位和股东地位，增加对证券投资基金和上市公司话语权、监督权和否决权，从而有利于改善基金公司和上市公司的法人治理结构。[①]

因为保险资金的长期性、稳定性和规模性的特点，正是繁荣我国资本市场最稳定的资金来源，借此能克服投机气氛，利用保险投资的有利条件，盘活资金，产生效益，促进中国资本市场的完善、规范和发展。

4. 实现金融资源的合理配置

现代金融最基本的功能是对储蓄资源进行时间和空间的配置，实现储蓄向投资的转化。这一功能主要是通过资本市场的直接融资和银行、保险公司等金融机构间接融资两种金融资源配置方式实现的。

过去，我国的金融资源配置方式主要是通过银行业的间接融资来完成，保险资金的运用渠道局限在银行存款上，对金融资源配置的功能没有得到充分发挥。

今后，保险业通过吸收长期性的储蓄资金，并按照资产负债匹配的原理直接投资于资本市场，实行集中使用、专家管理、组合投资。这种金融资源配置的方式是保险业所特有的，资本市场通过运作保险资金能够实现其对金融资源进行合理配置的功能，降低系统性风险。

8.2　美国保险业与资本市场的发展及其相互影响

8.2.1　美国保险业与资本市场概况

美国保险业依托其发达的社会经济基础，成为世界第一大保险强国。美国保险业的高度发展离不开其发达的资本市场及保险业的金融创新。在美国，保险资金是美国资本市场的重要资金来源，保险公司是非常重要的机构投资者。

美国的保险公司，是资本市场的主要资金供应者，是美国经济投

---

① 张玉洁. 保险市场与资本市场互动发展问题研究[D]. 郑州大学硕士学位论文，2007.

资资本的重要源泉。在美国资本市场的资金来源中，保险资金所占比重长期维持在 20%左右，仅次于商业银行和共同基金，在一些年份，甚至超过了商业银行的比重。

近二十年来，寿险公司的资产稳步增长，年均增长率维持在较高水平。1994 年总资产为 1.94 万亿美元，2004 年寿险公司的资产 4.5 万亿美元，2014 年其金融资产总量达到 6.26 万亿美元。

美国的保险资金投资主要投向四个方向：政府和企业债券、股票、抵押贷款和不动产、保单贷款。表 8-1 反映了 2009 年以来寿险公司金融资产的比例分布情况。

表 8-1　2009 年—2014 年美国寿险公司金融性资产分布情况

类别 ＼ 时间	2009 年	2010 年	2011 年	2012 年	2013 年	2014 年
活期存款和货币	1.1%	1.0%	1.0%	1.0%	0.8%	0.8%
货币市场共同基金	0.7%	0.4%	0.5%	0.5%	0.4%	0.3%
联邦基金和证券回购	0.2%	0.2%	0.2%	0.2%	0.1%	0.1%
信贷市场工具	62.7%	61.4%	61.8%	60.1%	57.7%	57.1%
商业票据	1.0%	0.8%	0.6%	0.8%	0.8%	0.8%
国库券	2.8%	3.0%	3.3%	3.2%	2.8%	2.9%
机构和政府支持证券	7.7%	7.3%	7.0%	6.4%	5.9%	5.3%
市政债券和贷款	1.5%	2.2%	2.3%	2.3%	2.4%	2.4%
企业和外国债券	40.0%	39.3%	39.6%	38.5%	37.2%	37.0%
其他贷款及垫款	2.9%	2.7%	2.8%	2.7%	2.6%	2.6%
总抵押贷款	6.8%	6.1%	6.2%	6.1%	6.1%	6.1%
公司股票	25.1%	27.1%	26.0%	27.5%	30.0%	30.2%
共同基金	2.9%	3.0%	2.8%	2.8%	3.1%	3.0%
杂项总计	6.8%	5.9%	6.6%	6.7%	6.8%	7.4%

资料来源：根据 wind 资讯数据整理。

美国寿险公司的金融资产中，占比最高的为信贷市场工具，即政府和企业债券，约为 60%左右，其占比从 2009 年的 62.7%逐年微降至 2014 年的 57.1%，相应的股票投资的占比逐年上升，自 2009 年的

25.1%上升至 2014 年的 30.2%。

美国财险公司的金融资产约占全行业总体水平的 20%,与寿险资产的平均比例为 1:4,表 8-2 统计显示,美国保险行业总体的金融资产逐年增加,从 2009 年的 6.2 万亿美元增加至 2014 年的 7.85 万亿美元。

但就绝对占比而言,美国保险业作为一个较为重要的机构投资者,在股票市场的占比在 8%—10%的水平,这个比例对资本市场的贡献和比例是较为可观的。

表 8-2 美国保险业金融资产及股票投资的占比统计 单位:万亿美元

年份	2009 年	2010 年	2011 年	2012 年	2013 年	2014 年
财险公司金融资产存量	1.38	1.36	1.38	1.44	1.53	1.59
寿险公司金融资产存量	4.82	5.17	5.34	5.61	5.98	6.26
保险金融资产存量合计	6.2	6.53	6.72	7.06	7.51	7.85
财险公司股票资产	0.22	0.21	0.22	0.25	0.31	0.33
寿险公司股票资产	1.21	1.4	1.39	1.55	1.79	1.89
股票资产合计	1.42	1.62	1.61	1.8	2.1	2.22
股票投资占总保险业金融资产的比例	23.0%	24.8%	24.0%	25.5%	28.0%	28.3%
上市公司总市值	15.08	17.14	15.64	18.67	24.04	26.33
保险股票资产占股票市场总市值的比例	9.4%	9.4%	10.3%	9.6%	8.8%	8.4%

资料来源:根据 wind 资讯的数据整理。

其中保险业的股票资产占保险业整体金融资产的比例也在逐年上升,自 2009 年的 23%增加至 2014 年的 28.3%,同时保险业股票资产占美国股票市场总市值的比例则略有下降,自 2009 年的 9.4%下降至 2014 年的 8.4%。这主要是因为,美国自 2008 年金融危机以来,股票市场逐步复苏，整体市值增加较快，虽然同时保险公司的股票投资额度和比例也在逐年增加，但增长速度低于股票市场总市值的增长速度。

8.2.2 美国养老基金与资本市场概况

1. 美国养老基金在资本市场中的地位

养老基金是美国资本市场上最大的机构投资者。美国地方政府及企业雇主发起的 DB 型养老基金大多投向股票资产。企业 DC 型养老计划中最具代表性的 401（K）计划参与者不仅更偏好股票资产，而且股票投资方式更加分散化。居民个人退休账户（IRA）中近一半的资产用来购买共同基金。

美国养老基金通过不同形式进入资本市场后实现快速增值，在这种效应的引导下，越来越多的长期资金进入资本市场，为后者的稳定发展提供了强大的动力。这就是金融危机之后，美国股市屡创新高的原因所在。

由于养老基金和资本市场的良性互动，美国的资本市场中股票始终是养老基金投资的最重要资产。在过去三十多年里，美国股票总市值中养老基金一直都是最大的机构投资者，占总市值的比例在 40%—55%之间，养老基金在美国的资本市场中起到了中流砥柱的作用。美国通过以资本市场和养老基金的相关法律为保障，汇聚了庞大的长期资本——养老基金，从而使得资本市场拥有了一个极为重要的市场"稳定器"。

表 8-3 数据显示，2014 年年底，居民个人退休账户（IRA）中的近一半（3.55 万亿美元）配置在共同基金产品上（占 IRA 总资产的 48%）。在这些共同基金资产中，股票型基金占 55%，混合型基金占 22%，债券型基金和货币型基金分别为 17%和 6%。

美国企业或职业年金最重要的一个组成部分的计划，更倾向于投资股票市场。根据表 8-3 统计显示，2014 年 DC 计划的总资产为 6.68 万亿美元，其中 56%的比例配置在共同基金上，而其所配置的共同基金，其中股票型基金占 61%，混合型基金占 23%，债券型基金和货币型基金合计仅占约 16%。

表 8-3 美国退休基金 DC 计划和 IRA 具体投资类别统计表

指标名称	2009 年	2010 年	2011 年	2012 年	2013 年	2014 年
DC 计划:共同基金持有量:国内股票	985	1134	1072	1213	1621	1763
DC 计划:共同基金持有量:国外股票	325	374	325	384	486	502
DC 计划:共同基金持有量:混合型	426	517	551	659	805	873
DC 计划:共同基金持有量:债券	294	345	378	446	424	444
DC 计划:共同基金持有量:货币市场	173	149	157	157	153	143
DC 计划:共同基金持有量:总计	2203	2519	2483	2859	3489	3725
IRA 计划:共同基金持有量:国内股票	839	956	900	1015	1360	1485
IRA 计划:共同基金持有量:国外股票	314	377	320	362	453	465
IRA 计划:共同基金持有量:混合型	368	438	491	576	710	783
IRA 计划:共同基金持有量:债券	385	468	506	603	587	592
IRA 计划:共同基金持有量:货币市场	229	205	214	219	232	221
IRA 计划:共同基金持有量:总计	2136	2444	2430	2775	3343	3546

资料来源:根据 wind 资讯的数据整理。

2. 美国养老金机构参与公司治理的情况及积极作用

国外养老基金积极参与公司治理的运动源于美国 20 世纪 90 年代。20 世纪 70 年代以后,随着各种企业退休计划的不断出现,以养老基金为代表的机构投资者所管理的资金规模迅速增长,其在股市的投资

119

比例也不断上升。其中,养老基金持有的股票占股票市场总市值的比重从 1950 年的 0.8% 上升到 1998 年的 29.6%,同时,以养老基金为代表的机构投资者在上市公司的股权集中度也在不断加重。

随着养老基金持股规模的不断增长,买卖单一股票越来越容易引发股价波动,这逐渐导致了养老基金的投资理念不得不从短期价格博弈转向长期投资理念,不断趋向于扮演稳定型的机构投资者角色,并通过选择优质公司来分享公司成长所带来的长期收益,通过积极参与公司治理、提高被投资公司的经营管理水平来获取政治权利和超额收益。

养老基金参与公司治理产生了如下积极作用:

(1)养老基金参与公司治理进一步推进了公司治理结构的改善,提高了公司经营效率和业绩;

(2)养老金管理机构通过适度参与公司重大决策,加强了股东层对于董事会的控制;

(3)养老金管理机构利用人才和信息优势加强了对公司关联交易、内部人控制行为的监督,有效缓解了企业所有权和经营权分离所产生的委托代理问题,有效加强了对经营层的监督。

8.3 欧盟保险业与资本市场的发展及其影响

与美国相比,欧盟的保险资金运用规律较为一致。从表 8-4 的统计显示,欧盟的保险资金运用方式较为分散,债券及其他固定收益类占比最高,平均为 40% 左右;其次是股票类的资产,占比在 30% 左右,两者合计投资占比高于 70%;抵押贷款和不动产的投资比例平均在 13% 左右。

欧盟的保险资金运用的显著特点就是资产的证券化程度很高,有价证券投资一直保持在 70% 以上,这既有利于资产的盈利性,同时又可以兼顾流动性。

表 8-4　欧盟保险公司资产分布状况表

投资组合类别	2009 年	2010 年	2011 年	2012 年
土地及楼宇	3.17%	3.19%	3.04%	3.06%
投资关联企业和参股权益	4.77%	5.18%	6.27%	6.17%
股票、可变收益证券及单位投资信托基金	31.48%	32.61%	30.37%	30.89%
债券及其他固定收益证券	40.50%	40.84%	41.77%	41.76%
贷款，包括担保抵押贷款	11.88%	10.99%	10.67%	10.71%
信贷机构存款	2.37%	2.21%	2.42%	2.40%
其他投资	5.83%	4.99%	5.42%	5.43%

资料来源：根据 wind 资讯数据整理。

　　欧盟保险业总资产中，寿险业总资产平均占比长期稳定在 80%左右，非寿险公司则为 20%左右。根据表 8-5 的数据显示，欧盟保险业总资产与同期股票总市值相比，基本处于差不多持平的规模，保险业总资产占股市的总市值的比例，自 2003 年的 86%逐步上升至 2012 年的 107%。

　　欧盟保险业资金的 30%左右均投资于股票市场，相应的，保险资金投资于股票的总市值占欧盟股票市场总市值的 30%左右，未来随着保险资金的进一步累计，这一比例还将逐步上升。

　　与美国相似，欧盟的保险资金作为最大的机构投者之一，同样在资本市场占据极为重要的地位，对资本市场的长期稳定和健康发展发挥着不可替代的作用。

表 8-5 欧盟 2003—2012 年保险总资产及股市总市值情况对比 单位：10 亿欧元

年份	股市总市值	保险资产总计	保险资产/股市总市值	寿险公司		非寿险公司	
				总资产	资产占比	总资产	资产占比
2003 年	6255	5358	86%	4327	81%	1013	19%
2004 年	6953	5796	83%	4680	81%	1087	19%
2005 年	8646	6494	75%	5301	82%	1163	18%
2006 年	10290	6946	68%	5656	82%	1256	18%
2007 年	10641	7322	69%	5973	82%	1320	18%
2008 年	5537	6259	113%	4831	80%	1226	20%
2009 年	7247	7004	97%	5522	79%	1256	21%
2010 年	8086	7548	93%	6157	82%	1337	18%
2011 年	7166	7636	107%	6211	81%	1374	19%
2012 年	7821	8349	107%	6792	81%	1493	19%

资料来源：根据 wind 资讯数据整理。

8.4 日本保险业与资本市场

日本是全球第二大保险市场，日本保险公司呈现出较强的资产配置能力。最初，日本保险公司的主要投资领域为贷款，20 世纪 80 年代中期以后，日本证券市场收益率逐年提高，保险公司贷款的比率逐渐下降，其有价证券投资的比率逐年提升，1996 年的比率为 50.7%，至 2013 年底，这一比率达到了 81.3%。

现在，日本保险公司成为证券市场的重要参与者，表 8-6 数据显示，日本寿险业将绝大部分资产配置在证券投资领域，其中约有 70%

左右的资产投资于各类固定收益类的国债、企业债和国外债券，这其中以国债的投资占比最高，2009 年至 2013 年，占比一直高于 40%。

与美国有所不同，日本寿险业的股票投资比例较低，国内股票投资比例在 5% 左右，国外股票投资比例约为 1.5%，两者合计约为 6.5%。在贷款方面，日本寿险的贷款投资，目前依然处于逐年下降的趋势，通过表 8-6 可以发现，日本寿险业的贷款投资比例从 2009 年的 14.7% 逐步下降至 2013 年的 10.9%。

表 8-6　日本寿险公司资产配置比例

指标名称	2009 年	2010 年	2011 年	2012 年	2013 年
现金及银行存款	1.6%	1.8%	1.1%	1.0%	1.3%
短期同业拆借	0.7%	0.6%	0.8%	0.8%	0.8%
货币信托	0.7%	0.6%	0.6%	0.6%	0.7%
有价证券:小计	76.7%	77.3%	78.8%	80.7%	81.3%
有价证券:国债	40.2%	41.3%	43.2%	43.1%	42.7%
有价证券:地方债券	3.4%	3.7%	4.0%	4.0%	4.0%
有价证券:公司债券	8.3%	7.9%	7.8%	7.3%	7.1%
有价证券:股票	5.9%	5.1%	4.5%	4.8%	5.1%
有价证券:外国证券	13.5%	14.3%	14.4%	16.2%	17.5%
有价证券:外国证券:债券	11.9%	12.7%	12.9%	14.7%	16.0%
有价证券:外国证券：股票	1.6%	1.5%	1.5%	1.5%	1.5%
其他:有价证券	5.4%	5.1%	4.9%	5.1%	4.8%
贷款	14.7%	13.7%	12.9%	11.7%	10.9%
有形固定资产	2.1%	2.1%	2.0%	1.9%	1.8%
其他	3.5%	3.8%	3.8%	3.4%	3.3%

资料来源：根据 wind 资讯数据整理。

　　日本非寿险行业的资产分布与寿险有所不同，尤其是在股票市场的投资比例明显高于寿险公司，这与非寿险业务的短期特性有关，公司没有较长期的负债，因此作为资产负债的需要，短周期的资产占比较高。

　　根据表 8-7 的数据显示，2009 年至 2013 年，日本非寿险公司投资股票的比例平均在 20%—23%左右，远高于寿险公司平均的 6.5%的水平。其国债的投资占比平均在 20%左右，仅相当于寿险业同类产品的占比的一半。

表 8-7　日本非寿险公司资产配置比例结构

指标名称	2009 年	2010 年	2011 年	2012 年	2013 年
银行存款	3.0%	3.0%	3.3%	3.3%	3.0%
短期同业拆借	1.1%	2.6%	1.4%	1.5%	1.4%
基于返售合同的应收款	0.7%	0.6%	1.5%	1.5%	0.9%
买入货币债权	4.1%	3.2%	2.4%	1.0%	0.5%
货币信托	0.4%	0.3%	0.2%	0.3%	0.4%
有价证券：小计	70.6%	68.9%	69.4%	72.3%	75.5%
有价证券：国债	15.7%	17.2%	20.6%	21.8%	22.8%
有价证券：地方债券	1.9%	1.8%	1.4%	1.2%	1.2%
有价证券：公司债券	12.1%	11.1%	10.4%	9.4%	9.1%
有价证券：股票	23.7%	21.7%	20.4%	22.3%	23.3%
有价证券：外国证券	15.8%	16.0%	15.4%	16.7%	18.3%
其他：有价证券	1.4%	1.1%	1.1%	1.0%	0.9%
贷款	7.5%	7.3%	6.9%	6.2%	5.6%
房地产	3.5%	3.6%	3.8%	3.7%	3.5%
其他资产	9.2%	10.6%	11.2%	10.2%	9.2%

资料来源：根据 wind 资讯数据整理。

　　日本非寿险总资产占保险业总资产的比例不足 10%，近几年，该占比呈逐年下降的趋势，从 2009 年的 9%逐年下降至 2013 年的7.6%，相应的寿险业总资产占比则逐年上升。

　　虽然日本保险业总资产投资股市的总体比例不高，但是由于保险资产的总体体量较大，其在股票市场的占比也较为可观，以 2012年为例，保险业在国内股票的配置额度为 23.07 万亿日元，表 8-8显示，2012 年日本上市公司总市值为 477.9 万亿日元，那么该年度保险业在日本国内股票的配置约占其 5%。

表 8-8　日本保险业总资产及其结构占比　　单位：10 亿日元

年份 总资产/占比	2009 年	2010 年	2011 年	2012 年	2013 年
寿险总资产	318380	320691	326952	344998	350582
非寿险总资产	31496	29673	27996	28460	28930
保险业总资产合计	349876	350364	354948	373458	379512
寿险资产占总资产比例	91.0%	91.5%	92.1%	92.4%	92.4%
非寿险资产占总资产比例	9.0%	8.5%	7.9%	7.6%	7.6%
日本上市公司股票总市值	514643	508350	406488	477896	——
保险业总资产与上市股票总市值比值	68.0%	68.9%	87.3%	78.1%	——

资料来源：根据 wind 资讯数据整理。

8.5 中国保险业与资本市场的关系和未来展望

8.5.1 中国保险业资本运作的基本情况及在资本市场发挥的作用

截至 2015 年 5 月底，我国保险业总资产 11.31 万亿元，较年初增长 11.33%，资金运用余额 10.31 万亿元，较年初增长 10.44%。

表 8-9 数据显示，自 2013 年以来，我国保险业资金运用总额逐年递增，其中股票和证券投资基金的资产比例逐年提升，自 2013 年年底的 10.2% 提高至 2015 年 5 月底的 16.1%；债券和银行存款的投资占比均呈现逐步降低的趋势。随着中国保监会关于保险资金投资监管比例的进一步放宽，将权益类、不动产类和其他金融资产的比例上限分别放宽至 30%、30% 和 25%。

自 2014 年年初，保监会放宽相应的投资比例上限之后，股票及权益类的资产占比逐步提升，其他投资的占比也在逐步增加。

表 8-9 中国保险业 2013—2015 年 5 月底的资金运用余额及投资分布　单位：亿元

资产类别	2013 年底		2014 年底		2015 年 5 月底	
	金额	占比	金额	占比	金额	占比
银行存款	22641	29.5%	25311	27.1%	25488	24.7%
债券	33375	43.4%	35600	38.2%	35642	34.6%
股票和证券投资基金	7865	10.2%	10326	11.1%	16554	16.1%
其他投资	12992	16.9%	22078	23.7%	25370	24.6%
资金运用余额	76873	100.0%	93314	100.0%	103055	100.0%
保险业总资产	82887		101591		113100	

资料来源：根据中国保监会网站公开数据整理。

根据表 8-10 数据显示，截至 2015 年 5 月底，中国境内上市公司（A、B 股）共计 2754 家，对应的股票总市值达 62.75 万亿元，就总市值而言，我国的股票市场世界排名第二。

表 8-10 2015 年 5 月底中国证券市场概况统计

	2014 年	2015 年 5 月	比 2014 年
期末境内上市公司数（A、B）股（家）	2613	2754	5.40%
期末股票总发行股本（A、B、H 股）（亿股）	43610	45973	5.40%
期末股票市价总值（A、B 股）（亿元）	372547	627465	68.40%
期末股票有效账户数（万户）	14215	17528	23.30%

资料来源：根据中国证监会网站公开数据。

截至 2015 年 5 月底，中国保险业资金运用余额为 10.3 万亿元，占股票总市值的 16.4%，其中保险业投资股票和证券投资基金总市值占股票市场总市值的比例仅为 2.6%，对比而言，美国保险业的这一比例为 8.4%（2014 年），欧盟的比例为 30%，日本虽然较低，但占比也在 5%左右。因此，无论从绝对数量还是占比而言，我国的保险资金投资股票占股市总市值的比例，均大大低于世界发达国家。

当前中国保险业在资本市场中发挥的作用还相对较弱，与世界发达国家相比差距较为明显，未来将有较大的提升空间。

8.5.2 中国保险业在资本市场作用的未来展望

2014 年以来，我国保险资金的投资领域正在逐步放宽：

（1）2014 年 1 月 7 日，保监会明确保险资金可以投资创业板上市公司股票。

（2）2014 年 2 月，保监会发布的《关于加强和改进保险资金运用比例监管的通知》规定了保险投资的三类比例。进一步放宽了权益类资产、不动产类资产、其他金融资产、境外投资等投资监管比例的上限。

（3）2014 年 10 月，保监会印发《关于保险资金投资优先股有关事项的通知》，进一步放开保险资金投资领域。保险资金可以直接投资优先股，也可以委托符合《保险资金委托投资管理暂行办法》规定条件的投资管理人投资优先股。

（4）2014 年 12 月，保监会印发《关于保险资金投资创业投资基金有关事项的通知》，允许保险资金投资创业投资基金。

（5）2014 年 8 月 13 日，国务院发布的《关于加快发展现代保险服务业的若干意见》提出，进一步发挥保险公司的机构投资者作用，为股票市场和债券市场长期稳定发展提供有力支持，要充分发挥保险资金长期投资的独特优势。在保证安全性、收益性前提下，创新保险资金运用方式，提高保险资金配置效率，促进保险市场与货币市场、资本市场协调发展。进一步发挥保险公司的机构投资者作用，为股票市场和债券市场的长期稳定发展提供有力支持。鼓励设立不动产、基础设施、养老等专业保险资产管理机构，允许专业保险资产管理机构设立夹层基金、并购基金、不动产基金等私募基金。

自 2014 年以来，在资金运用方面，中国政府及保险监管机构推出了一系列的实质性监管范围的放宽和政策鼓励措施，这一系列的政策红利，将为中国的保险业尤其是资金运用方面，提供非常良好的发展机遇。从外部的监管和政策的鼓励和支持，以及国内国际经济金融的宏观环境来看，中国保险业正处于历史发展的最好时期。

表 8-11 统计数据显示，截至 2014 年年底，全国保险密度为 237 美元/人，保险深度为 3.2%，两项指标均远低于其他经济发达国家，差距非常明显。这表明对于我国保险业的内在因素而言，未来还将有很大的上升空间。

表 8-11 世界主要发达国家保险密度和深度对比表

	美国 （2013）	英国 （2013）	日本 （2013）	法国 （2013）	中国 （2014）
保险深度	7.5%	11.5%	11.1%	9.0%	3.2%
保险密度 （美元/人）	3979	4561	4207	3736	237

资料来源：根据瑞再 sigma 报告数据及中国保监会统计信息整理。

随着保险业保费收入的不断增加和总资产的快速增长，保险资金运用范围的进一步拓宽，保险资产管理业务范围的扩展，保险资金未来的投资规模将逐步增加，投资范围更加广泛灵活。未来保险业无论是从行业规模、抵御风险的能力，还是对资本市场的影响力方面均将有显著的提升。未来中国保险业对资本市场将有如下几点影响。

（1）保险资金对资本市场发挥的作用和影响日益突出

随着保险业保费收入的逐步提升，保险资金的快速积累，我国保险资产占金融资产总量的比重将不断提高。随着投资渠道的进一步拓宽，在大资管时代的背景下，中国保险业资产未来将有更多的资金持续不断地投向资本市场，这些新增的投资资金将为资本市场的稳定和高效发挥更加长远的作用。

基于政府及监管一系列的政策红利，未来保险机构作为资本市场的重要机构投资者，将能够更多地参与到资本市场的各个领域。保险业的发展离不开资本市场的繁荣和高效运作，只有通过在资本市场的资金运用，才能为保险公司获取较高的回报，为公司赚取更多的利润；同时保险公司在资本市场进行资金运作时，就已经源源不断地为资本市场输送了最为重要的现金流，尤其是寿险资金和养老资金，这些资金以追求长期稳定的收益为目的，从而成为资本市场的稳定器，促进资本市场更加快速、成熟理性的运作，增进资本市场的进一步繁荣与稳定。

（2）促进公司治理的完善和规范，有效改善当前资本市场部分上

市公司的治理缺陷

目前，我国上市公司的治理结构还存在一些问题，概括而言，包括：（1）一股独大问题突出，控股股东或者实际控制人"掏空"上市公司的现象屡见不鲜，控股股东或者实际控制人在上市公司超越法定的股东权利，直接干预公司经营管理活动；（2）内部控制和制衡机制不足，内部人控制较为严重，独立董事独立性不够等。

随着保险资金投资股票市场比例的逐步增加，保险公司投资上市公司股票的集中度将进一步增加，此时为了确保被投企业更符合保险资金长期稳定增值的诉求，保险公司将可能直接参与到公司治理层面，推进公司治理结构的改善，积极监督上市公司的决策层和执行层治理的合规性，提高公司经营效率和业绩，为上市公司的内部治理发挥积极作用。

第9章
保险企业及保险市场发展趋势

党的十八届三中全会《中共中央关于全面深化改革若干重大问题的意见》确立了我国社会和经济未来改革发展的大方向和大环境，明确了深化改革的总目标是推进国家治理体系和治理能力现代化。国务院颁布的《关于加快发展现代保险服务业的若干意见》（"新国十条"）从深化改革、完善国家治理的角度为保险业发展设定总体目标，把发展现代保险服务业放在经济社会工作整体布局中进行统筹考虑。

9.1 保险企业发展现状及分析

9.1.1 保险企业总体概况

截至 2014 年 6 月底，全国共有保险公司 182 家，其中中资公司 125 家，外资公司 57 家。中资公司中，集团公司 10 家，产险公司 42 家，寿险公司 44 家，再保险公司 2 家，资产管理公司 17 家，农村保险互助社 10 家。外资公司中，产险公司 22 家，寿险公司 29 家，再保险公司 6 家。从各公司的股东及股权情况来看，大致可以分为以下几类：国有控股保险公司、国有参股保险公司、银行系保险公司、民营资本主导保险公司、外资保险公司和相互制保险公司①。

表 9-1　保险公司股权情况表

股权情况	公司数（家）	备注
国有控股保险公司	77	
其中： 1. 国家直接控股	26	由国家财政部直接或间接控股。如人保、国寿、太平等。
2. 央企控股	25	由央企直接参股或控股，如国家电网控股的英大泰和产险、英大泰和人寿等。
3. 地方国资主导	21	地方国资企业在公司中发挥主导作用,地方政府部门对公司人事和业务发展有一定影响力,如泰山财险、浙商财险。
4. 国有资本主导	5	国有资本在公司中发挥主导作用,但公司股权结构较为分散,单一股东的持股比例较低,没有实际控股股东, 如华泰集团等。
国有参股保险公司	21	保险公司的全部资本中,包含国有企业股份,但比例小于 50%、大于 20% 的公司,且股权结构较为分散,如太保集团、阳光集团等。
银行系保险公司	7	由银行直接参股或控股,截止到目前共有银行系保险公司 7 家,其中外资公司 4 家。
民营资本主导公司	30	保险公司全部资本均为民营企业,或是虽有国有资本,但比例小于 20%,如平安集团、国华人寿等。
外资保险公司	57	
其中： 1. 外资独资公司（含外资再保险公司分公司）	27	外资持股比例达到 100%,如安联财险、瑞士再保险等。
2. 中外合资公司	30	外资持股比例不足 100%。
相互制保险公司	11	包括黑龙江农垦集团发起的阳光农业相互保险公司及慈溪龙山农村保险互助社 10 家。

注：部分公司属性重叠，存在重复统计。

---

① 项俊波.中国保险业公司治理与监管报告[M].北京：中国金融出版社，2015：2—3.

9.1.2　保险企业股权结构情况

从表 9-1 可以看出，目前保险公司股权结构情况相对复杂，主要有三种资本来源：国有资本、民营资本及国外资本。目前国家鼓励民营资本进入金融领域，与银行业、证券业相比，民营资本进入保险业较为容易。目前部分保险公司具有鲜明的民资背景，如利安人寿、前海人寿、合众人寿、生命人寿、复星保德信等。民营资本的进入给保险业带来了活力，同时，民营资本的逐利性也带来了一些不稳定的因素，民营企业控股、内部人控制所引发的关联交易、利益输送等问题频繁发生，对保险公司规范经营和经营绩效方面产生影响，险企股东变更频繁，地方国企与民营资本"混搭组合"成为新的趋势。

受国家监管政策限制，目前中外合资寿险公司中的股权结构基本为中方与外方股东各占 50%，即所谓的平衡股权结构。此种股权结构导致各股东之间互相牵制，内部摩擦严重，决策效率低下，导致公司控制权和利益索取权的失衡，股东之间的利益纷争也对公司的经营绩效产生了负面影响，致使大部分合资寿险公司经营成果不甚理想。

除上市公司外，部分保险公司治理结构并不十分规范，存在的问题包括：第一，目前独立董事制度并未完全建立，即使设有独立董事，独立董事也并未真正发挥其应有作用，形同虚设。第二，虽然监管机构要求保险公司设立监事会，但部分保险公司并未成立监事会，监事会对管理层的监督严重缺位。第三，部分制度在实际执行过程中形同虚设或流于形式，董事会与管理层之间权利划分不清，董事会职责虚化。第四，董事不能保证有充分的时间和精力勤勉尽职，成为"花瓶董事"。第五，部分民营股东不了解或无视保险经营规律，追求短期利益而忽视风险管理。第六，保险公司风险管控薄弱，责任追究机制尚未全面建立。诸种不符合现代公司治理要求的乱象导致保险公司内耗严重，严重制约了自身业务发展。

9.1.3 保险业发展基本情况

从总的规模保费来看，2013 年，中国保险业保费收入达 1.72 万亿元，同比增长 11.2%，2014 年原保险保费收入 2.02 万亿元，同比增长 17.49%。从保费收入来看，在经济下行的大环境下，保险业实现了业务增速持续提高，行业经营效益显著提升，保险资金运用率创新高，行业资本实力显著增强。

从各省保费收入份额结构来看，2014 年保费收入排名居前列的省份是广东、江苏、山东、北京，其中广东占比 8.86%，江苏占比 8.32%，山东占比 6.19%，北京占比 5.97%。与 2013 年相比，浙江占比有所下降，四川占比有所上升。保费收入主要集中到东部沿海发达省份，东部地区占到全国保费收入的近 60%，西部省份相对较低，区域发展严重不平衡，这也同时说明了中国保险市场发展的巨大潜力。

从险种结构上来看，财产险、寿险、健康险和意外险 2014 年全国总保费收入为 202 万亿元，各险种 2012—2014 年占比情况如下表（见表 9-2）：

表 9-2　2012—2014 年我国险种结构表

年份\险种	财产险	人寿保险	健康保险	意外保险
2012 年	34.4%	57.5%	5.6%	2.5%
2013 年	36.1%	54.7%	6.5%	2.7%
2014 年	35.6%	53.88%	7.84%	2.68%

可以看出，健康险所占比重在逐年增加，这与国家近年来特别强调发展多样化健康保险服务、鼓励保险公司大力开发各类医疗、疾病保险有关联，同时也说明了消费者在健康险方面存在实际需求，健康保险市场发展潜力巨大。

从各家保险公司市场份额来看，目前中国保险市场集中程度很高，保费收入主要集中在国寿、太保、平安、新华等为数不多的几家大公司，基本是 20%的保险公司占据 80%以上的市场份额。但从 2015 年前四个月人身险市场来看，人身险市场竞争相对充分，原保费市场份额前五的中国人寿、平安寿、人保寿、新华保险、太保寿共占有 59.604%的寿险市场，较同期下降了 4.8%，市场份额前十的公司占有 78.699%的市场，较同期下降了 3.479%。人身险市场集中度处于继续下降趋势。[①]

　　另外，由于市场上各家公司所处的发展阶段、发展战略、竞争优势、主要销售渠道、产品策略等有所不同，规模型保费在市场的影响依然明显，资产驱动负债型的公司的保费保持持续高增长。

9.1.4　互联网保险业务发展情况

　　人身保险互联网市场开辟了中小寿险公司发展的新机遇，成为中小寿险公司突破渠道瓶颈制约、借助理财型产品实现保费规模跨越发展的新途径。据统计，2014 年，中小寿险公司占据互联网人身保险保费收入排名前十名中的 9 个席位，以 290 亿元的保费占据 82%的互联网人身保险市场份额。

　　中国保险行业协会统计数据显示，2014 年，人身保险公司互联网业务实现保费收入 353.2 亿元，同比增长 5.5 倍（2013 年为 54.46 亿元），占 2014 年人身险总规模保费（16896.5 亿元）的 2.1%，占原保费（12690.2 亿元）的 2.8%（2013 年占比为 0.5%）。从经营主体来看，截止到 2014 年，开展互联网业务的人身保险公司总数达 52 家，约为 2011 年的三倍，占人身险公司总数的七成以上，而在 2013 年，经营互联网业务的人身险公司数为 44 家。从流量看，2014 年人身险公司官网累计访问量达 10 亿人次，有 6 家公司访问量过千万，已有 57%的互联网保险产品通过官网销售，其余 43%通过第三方平台渠道。从险种上看，人身保险互联网业务中的主力险种为人寿保险，2014 年全

---

① 刘超，陈秉正. 我国人身保险市场结构变化与预测分析[J]. 中国保险市场，2015（6）.

年实现保费 330 亿元，占互联网人身保险总保费的 94%，其中万能险互联网业务全年实现保费 204 亿元，占互联网人身保险总保费的 58%；意外险是互联网保险第二大险种，全年实现保费收入 18 亿元，占互联网人身保险总保费的 5%。

9.2 保险市场发展现状及分析

9.2.1 保险市场概况

从全球保险市场来看，全球寿险业有所复苏，2013 年实现了 2.9% 的保费增长率，其中发达市场保费增长率为 2.3%，新兴市场的保费增长率为 6.2%。但全球寿险业的整体利润水平受到利率持续走低、需求疲软、资本要求不断上升等种种不利因素影响，导致全年利润水平增长有限。

从国内保险市场来看，受内外部多种因素的影响，我国保险业自 2011 年以来步入深度调整期和矛盾凸显期，困难和挑战骤然增多，业务低迷、效益下滑、人才流失严重，保险业发展受限，面临的退保压力及行业风险管控压力较大。声誉不佳、社会认可度低也一直是保险业挥之不去的阴影，保险业在服务经济发展、社会管理方面发挥的作用有限，有待进一步提高。为促进保险业发展，国务院及监管机构出台若干政策，着眼于服务国家治理体系和治理能力现代化，对新时期保险业改革、发展和监管进行了全面部署，保险业在复杂困难的环境下，通过改革发展实现了重大跨越，已经站在了新的发展起点上。

9.2.2 国内外经济发展环境对保险市场的影响

2013 年，全球经济在复苏之路上迈出了新的一步，根据国际货币基金组织公布的最新估计，2014 年和 2015 年全球经济增长率分别将达到 3.7% 和 3.9%。一方面，主要发达经济体形势出现好转，另一方面，新兴市场国际经济形势并不乐观。总体来看，全球经济再调整进程目前还处于初级阶段，全球经济金融形势还将在较长一段时间存在很多不确定因素。

国内方面，国民经济呈现稳中有进、稳中向好的发展态势，现在，我国正在全面深化改革，金融市场化程度不断提高，利率市场化、汇率形成机制、资本项目可兑换、人民币国际化等改革进程不断推进，保险费率市场化，保险投资渠道和比例限制逐步放开，市场机制的力量将对保险业的发展和监管带来深刻的变革。经济的发展和居民收入水平的提升为人身保险行业的持续增长提供了良好的基础，十八届三中全会对未来我国全面深化改革进行了总体部署，为人身保险行业的发展释放了巨大红利，保险行业面临着有利契机。但外部经济金融形势依然严峻，再加上目前行业正处于转型升级的关键时期，行业发展面临的不确定性不容忽视。

9.2.3　保险市场实现强势发展，进入行业发展关键期

在党中央国务院的正确领导下，保险监管机构主动适应经济新常态，采取各项推动措施促进保险业健康有序发展，保险业在 2014 年实现了强势发展。保险业务增速持续提高，2014 年全国保费收入突破 2 万亿元大关，保险业增速达 17.5%，结构调整深入，与实体经济联系紧密的保证保险同比增长 66.1%，与民生保障关系密切的年金保险同比增长 77.2%，保障性较强的健康保险同比增长 41.3%。行业经营效益显著提升，保险公司预计利润 2046.6 亿元，同比增长 106.4%，保险资金运用实现收益率 6.3%，综合收益率 9.2%，行业资本实力明显增强，截止到 2014 年年底，全行业净资产 1.3 万亿元。[①]

在国家全面深化改革和"新国十条"出台的大背景下，保险业因

---

① 中保协. 关于转发《项俊波主席在全国保险监管工作会议上的讲话》的通知[R]. 中保协发〔2015〕78 号.

为国家制度设计而面临着最大的发展机遇，同时也因为自身服务能力的原因面临着最大的挑战，尤其是人身保险业，存在人才储备少、基础数据缺乏、政策理解不透、机构人员庞杂、管理方式落后、内控制度薄弱等自身能力建设方面的不足，与党和政府的期望和消费者的需求相比，存在较大的差距。从整体上来看，保险业仍处于发展的初级阶段，不能适应经济社会发展的需要，需要有大幅度的提升和发展。

保险公司应抓住历史机遇，科学把握大势，紧抓政策利好，充分发挥保险作为现代经济的重要产业、市场经济的基础性制度和风险管理的基本手段的优势，积极帮助企业和群众对冲经营和生活中的风险，激发社会创造创业动力，在增加就业、促进经济结构优化、推动社会治理创新过程中发挥行业优势，跳出保险看保险，坚持想全局干本行，在服务国家治理体系和治理能力现代化的进程中有所作为。

9.3 保险业及保险市场发展趋势研判

目前，经济环境为保险业发展提供了良好的条件和基础，我国经济正向形态更高级、分工更复杂、结构更合理的阶段演化，一系列重大战略措施的实施必将对保险业发展产生强大的刺激和带动作用。保险业也必将顺应历史潮流顺势而为、借力发展，在未来5—10年的黄金机遇期实现历史性发展。

9.3.1 现代保险服务业将在经济社会发展中承担更大责任

推进国家治理体系和治理能力现代化，是党的十八届三中全会提出的全面深化改革的目标，"新国十条"提出保险服务国家治理体系和治理能力现代化，这是前所未有的，从顶层设计的视角对保险业进行了全新定位，将保险业纳入经济社会发展全局，将保险业定位于现代服务业的重要组成部分，推动保险业加快发展，已经从行业意愿上升到国家意志，成为我国经济社会发展总体布局中的重要一环。

"新国十条"为保险业提出了新的定位，保险应成为政府、企业、居民风险管理和财富管理的基本手段，成为提高保障水平和保障质量的重要渠道，成为政府改进公共服务、加强社会管理的有效工具。人寿保险业作为现代服务业的重要组成部分，应在国民经济发展中发挥更大的作用。

1. 充分发挥保险经济补偿功能，构建巨灾保险体系

在国家巨灾保险制度框架下，在多渠道风险分散机制中充分发挥商业保险的平台作用，积极参与巨灾保险体系建设，建立多层级的巨灾风险分担机制，积极应对自然灾害，增强全社会抵御风险的能力，支持社会和谐稳定大局。

2. 发挥资金融通功能，促进经济发展

保险公司应加大保险资金投资基础设施建设和运营力度，满足基础设施建设多元化的融资需求。积极支持民生项目建设，参与养老养生、医疗健康等产业的投资运营，积极争取投资税收优惠政策。引导保险机构完善投资保障性住房项目、棚户区改造的有效商业模式，支持新型城镇化建设。截至 2014 年 6 月底，保险业通过各类债券向实体经济提供资金 3.6 万亿元，为经济建设提供长期资金支持。

3. 发挥社会管理功能，完善社会风险管理体系

商业保险应成为社会保障体系的重要支柱，要逐步成为个人和家庭商业保障计划的主要承担者、企业发起的养老健康保障计划的重要提供者、社会保险市场化运作的积极参与者，满足多元化的民生保障需求，启动个人税收递延型商业养老保险，完善三支柱的养老制度结构，减轻未来财政负担，积极参与社保体系建设的新领域、新模式，推动保险业在更深层次、更广领域参与社保体系建设，完善社会保障体系，提高政府行政效能。

4. 在现代金融体系中发挥支柱作用

在经济全球化的大背景下，现代金融体系已成为现代市场经济的核心，是经济社会发展的基础。截至 2013 年年底，银行业金融机构资产总计 151.4 万亿元，证券业机构总资产 2.1 万亿元，保险业资产总计 8.2 万亿元，分别占 93.6%、1.3% 和 5.1%。长期以来银行业一支独

大的局面得以延续。完善现代金融服务，方向是针对当前的不足，加快完善种类齐全、结构合理、服务高效、安全稳健的现代金融市场体系。进一步发挥市场机制决定资金价格的作用。均衡发展直接融资和间接融资、增加金融供给、创新金融产品和模式、提高服务效率，让银行、证券、保险以及一系列金融创新相互配合，为实体经济发展提供完善金融服务，完善和协调金融监管，在确保金融稳定的基础上，促进金融服务业健康快速发展。保险业应借助国家新政策出台的有利时机实现跨越式发展，在现代金融体系中发挥越来越重要的作用。

9.3.2 公司治理等现代化管理能力进一步提升

如前文所述，目前大部分保险公司的公司治理结构尚不符合现代公司治理的要求，存在诸多不规范之处，也影响了保险公司经营业绩及整个行业的发展。监管部门近年来也对保险公司治理给予了高度关注，采取一系列措施加强公司治理监管，重点防范和化解保险资产安全、公司僵局、公司管控薄弱和高管人员舞弊等风险。随着保险公司公司治理评价制度体系的建立健全，公司治理监管评价进一步发展，保险公司风险评价和分类监管工作逐步推进，未来保险公司在治理水平方面也将得到逐步提高，逐步实现从"形式规范"向"治理实效"质的转变。

1. 保险公司治理水平有明显的进步

在治理架构上，全行业对完善公司治理结构的重视程度普遍提高，主动性和自觉性不断增强，各家公司基本已建立"三会一层"的治理结构，制定相应的议事规则及执行和监督制度，决策程序和权限更加科学严谨。董事会下设的各专业委员会逐渐发挥辅助决策作用，注重董事会的实质领导决策能力和监督制衡能力，决策层和管理层职责权限逐渐清晰，各司其职，保险公司理性经营能力和风险防范能力逐步增强。

2. 监督制衡机制将逐步建立、完善

自保监会 2007 年发布《保险公司独立董事管理暂行办法》以来，

各家保险公司逐步建立健全了独立董事制度，在保证独立董事的独立性、提名的科学性、履职的积极性以及对其薪酬管理和绩效考核方面也都采取了改革创新和探索，以确保独立董事在促进科学决策、加强监督方面能够切实发挥作用[①]。在监管机构的大力推进下，各家保险公司也逐步建立监事会并采取有效措施保证监事依法履职，发挥监督作用。[②]当然，目前阶段独立董事和监事会并未发挥应有作用，距离现代企业管理要求差距较大，相关制度尚需要进一步完善，任务艰巨，任重道远。

3. 保险公司股权结构将进一步优化

目前保险公司资本中国有资本仍占据主导地位。监管机构逐步推进保险公司混合所有制改革，地方国资成为保险公司股东的重要来源，民营资本快速增长，涌现出一批纯民营保险公司，保险公司股权结构多样化发展。为响应党的十八届三中全会提出的"允许混合所有制经济实行员工持股，形成资本所有者和劳动者利益共同体"，监管机构出台了《关于保险机构开展员工持股计划有关事项的通知》，允许保险公司员工持股，这是深化保险业市场化改革、建立现代保险企业制度的需要，提高了保险公司风险防范能力。

4. 保险公司董事、监事及高管人员从业水平将有所提升

针对目前保险公司董事、监事及高管人员的实际情况，监管机构采取了一系列监管措施以提高保险机构董事、监事和高级管理人员职业素养和执业水平。要培养一支具备合规经营理念、风险防范意识、科学发展能力的董事、监事和高级管理人员队伍，包括重新修订任职资格管理规定、发布薪酬管理规范指引、发布审计管理办法以及培训管理办法，组织业务交流及培训。保险公司董事、监事及高管人员从业水平将有所提升。

---

① 2012 年，应设独立董事的 92 家公司中，有 34 家未按要求设立独立董事，占应设独立董事公司的 37%。 2013 年，应设独立董事的 135 家公司中，有 37 家公司未按要求设立独立董事，占应设独立董事公司的 27%。

② 2012 年，有 106 家保险公司设置了监事会，2013 年，有 129 家保险公司设置了监事会。

9.3.3　保险组织集团化、国际化发展

1. 保险业发展呈现出集团化趋势

1997 年亚洲金融危机以来，为防范国内金融风险，分业经营、分业监管的框架和制度得到了严格的执行。同一保险人不得同时兼营财产保险业务和人身保险业务，保险企业的资金不得用于设立证券经营机构和向企业投资等，这些规定严格限制了保险公司多元化经营发展的可能。中国保险业在过去几年中高速增长，预计在未来一段时间内，还将保持稳定增长，保险深度和密度逐步上升，但目前仍与成熟保险市场水平有很大的差距。从国际市场来看，综合经营和集团化发展已成为国际保险业发展的主流，这些大型国际保险集团纷纷进军中国保险市场，对中国保险公司形成了巨大的竞争压力。无论从外部环境，还是内部发展需要来讲，保险组织集团化发展已经成为一种趋势。监管机构最近发布的《保险公司股权管理办法》《保险公司收购合并管理办法》《保险集团公司管理办法（试行）》《保险集团并表监管指引》等文件也为保险公司集团化发展提供了政策依据及条件。

2. 保险业发展呈现国际化的趋势

2014 年，共有 15 个国家和地区的境外保险机构在我国设立了 56 家外资保险公司，外资保险公司市场份额为 3.91%。我国保险企业通过海外上市、设立境外分支机构等形式开展了国际化经营的有益尝试，有 12 家境内保险机构在境外设立了 30 家营业机构，有 7 家保险机构在海外上市，这与建设保险强国的目标相比，保险"走出去"的力度明显不足。[①]

随着"一带一路"成为我国海外经济的战略核心，企业"走出去"步伐的加快必将使我国面临更多的风险和挑战。当今世界处于调整与变革的时代，我国的外部环境面临的不确定性日益增加，我国企业"走出去"将面临更多的不确定性和风险。在这样的形势下，保险应当发

---

① 王祖继. 新国十条开启保险业发展新纪元[J]. 中国金融，2014（17）.

挥其风险保障功能，为我国企业"走出去"保驾护航。

数据显示，2013 年我国对外直接投资为 1078 亿美元，随着商务部颁布新修订的《境外投资管理办法》，对境外投资确立"备案为主、核准为辅"的管理模式，据预估，我国未来五年境外投资的增速将保持在 10%以上。虽然我国境外投资的交易数量与金额保持显著增长的趋势，但境外投资保险的发展较为滞后，不但没有更为有力地支持对外投资等实体经济"走出去"的发展，而且客观上也形成了保险服务贸易逆差。未来在"新国十条"政策鼓励下，保险公司将逐步加大"走出去"步伐，依托中国企业境外投资战略尝试不同形式的保险配套服务，为我国海外企业提供风险保障，为境外投资保驾护航，通过国际资本市场筹集资金，迈进国际保险市场，创造条件适时在全球配置保险资产，加强对国际保险监管规则的学习和研究，积极参与国际保险监管合作，为保险业"走出去"争取良好的外部环境。

9.3.4 基本建成现代保险市场

1. 保险市场发展秩序逐渐形成，市场退出机制逐步建立、完善

纵观我国保险业发展历程，在保险业发展之初，因为尚未形成有效的市场机制，"行政之手"对行业发展进行了大量的干预，包括产品费率、投资范围等受到严格管制，以防止不正当竞争，使我国保险市场在有序竞争中成熟发展起来。不可否认，这些行政干预行为在保险市场发展之初起到了一定积极作用，但随着保险业的逐渐发展，单纯依靠行政干预手段已经不能起到促进市场发展的作用，保险本身作为市场化的风险管理手段，更应该依靠"市场之手"调节行业发展，发挥市场在资源配置中的决定性作用，实现"监管的归监管，市场的归市场"的监管规则。

《国务院关于促进市场公平竞争维护市场正常秩序的若干意见》明确提出，围绕使市场在资源配置中起决定性作用和更好发挥政府作用，着力解决市场体系不完善、政府干预过多和监管不到位问题，坚持放管并重，实行宽进严管，激发市场主体活力，平等保护各类市场主体

合法权益，维护公平竞争的市场秩序，促进经济社会持续健康发展，简政放权、依法监管，完善市场退出机制。

近年来，监管机构逐步推进人身保险费率改革、车险费率改革，将定价权交给公司和市场，推行递延税收政策，加快发展第二代偿付能力监管制度，运用市场化机制，鼓励政府采购保险服务等，均在某种程度上推动了保险企业市场化发展，保险业公平竞争秩序将会逐步建立，从而实现向发达保险市场靠拢。

在中国保险市场，受短期利益驱使，几乎每个新进入者都不可避免地选择不顾风险管理，盲目追求业务规模，不计成本地大搞手续费大战、价格大战。目前全国还有57家保险公司亏损，占到总数的1/3，存在差而不倒、乱而不倒的现象，无法实现市场的优胜劣汰。一个成熟的市场退出机制应当能够合理化解和妥善处理保险机构退出所带来的各种风险和矛盾。近年来，监管机构不断调整监管原则，陆续出台监管政策，包括《保险公司收购合并管理办法》《保险公司保险业务转让管理暂行办法》等，逐步建立、完善我国保险公司退出机制，规范保险公司的自愿市场退出行为，整合保险市场资源，维护保险市场秩序，保护投保人、被保险人和受益人的合法权益。

2. 保险业行业自律度逐渐提升

我国已初步形成三支柱监管框架的现代保险监管体系，保险业进入黄金发展时期，监管重心逐步转向偿付能力监管，放开前端、管住后端的监管理念逐步树立。在市场主体增加、保险产品种类繁多、市场开放程度提高、消费者保险知识逐步丰富及维权意识增强的情况下，保险行业自律显得更加重要和紧迫，通过约束性的行业自律以及治本性的公司治理结构来总体提升监管的效能和水平，同时也减弱市场行为监管，相当于对市场行为监管的适当放松，最终达到监管的最优目标，在做好保险监管体系和治理能力现代化建设的基础之上，充分发挥行业自律作用，这也是适应保险监管方式转变的必然选择。

各家保险公司作为会员单位应积极参加行业自律组织并发挥作用，共同制定行业行为规范，加强自律基础制度建设，制定行业标准及示范条款，减少销售误导，建立数据库有效辅助保险产品及服务发展创新，加快行业自律的文化建设，提升市场主体自觉自律、合规经营的意识。

3. 保险信用体系逐步建立并完善

2014 年，国务院发布《社会信用体系建设规划纲要（2014—2020)》，提出金融领域信用建设目标，"新国十条"也明确提出要全面推进保险业信用体系建设。为落实国务院规定，中国保监会、国家发展改革委联合出台《中国保险业信用体系建设规划（2015—2020)》，至此，保险信用体系的制度机制已经形成，保险信用体系雏形初现。

近年来，行业诚信缺失已经成为制约保险行业发展的瓶颈，销售误导导致行业信誉下降，消费者投诉逐年增加，整个行业陷入低迷。诚信是保险业发展的基石，保险业能够加速发展的前提就是建立保险从业人员的信用体系，建立守信激励和失信惩戒机制，加重失信成本，扭转行业诚信缺失的现状，通过构建行业信用体系，促进行业的可持续健康发展。

9.3.5 混业经营和集约发展的趋势

1. 金融理财竞合成常态，竞争格局从分业经营向产业融合转变

过去，我国长期实行分业经营和分业监管的金融体制，在金融的大平台上，银行、证券、保险各自承担着不同的职能，为客户提供不同的金融服务，但在当今知识经济数据化的时代，金融改革已经悄然拉开序幕，金融理财市场的竞合成为常态，各种金融产品之间的界限逐渐模糊，交叉性金融产品越来越多，保险业与银行业、证券业在产品及服务上越来越趋同，具有较强的同质性和替代性，金融业的融合发展已经成为大势所趋。从发达国家发展历史来看，经历了最初的融合经营，到后来的分业经营，再到现在的融合经营的过程，这也说明了中国金融经济发展正沿着历史发展的轨迹进行。

目前保险行业面临的外部环境发生了较大变化，保险业面临的竞争格局日趋复杂化，保险业应主动适应产业融合的新趋势，抓住历史机遇充分发挥自身优势，加快金融创新步伐，适时组建金融控股集团，

充分利用其他金融机构的资源，积极借鉴银行业、证券业资产和负债管理技术，提高风险管理水平，防范融合经营过程中新生风险，提高自身竞争力，把保险建设成金融的支柱力量。

2. 保险产业链条延伸，保险进入新的业务领域

"新国十条"支持保险机构参与健康服务业产业链整合，探索运用股权投资、战略合作等方式，设立医疗机构和参与公立医院改制，为保险业发展拓展了新的业务领域。现在很多保险公司已经进军健康产业和养老产业，不仅提供健康保险、养老保险产品，还将业务板块扩展至健康管理、养老服务等，扩大了产业链的整合能力。在未来发展过程中，还可以与医疗、保健、物业、餐饮、安保等老年产业开展合作，形成上下游产业联动。产业链延伸将改变寿险业产业链过短、过度依赖资本市场的盈利模式，解决受限资产负债错配问题，提高寿险业竞争力。[①]

3. 保险业发展方式实现从粗放经营到集约经营的转变

目前，我国经济正处于"三期叠加"的关键时期，各个行业各个领域都在更新发展理念，推进改革创新和结构调整，走科学发展的道路。对保险业来说，加快转变发展方式是解决行业发展中不平衡、不协调等深层次问题的根本举措，是实现行业持续发展的迫切需要。

过去保险市场竞争不够充分，采取"跑马圈地""人海战术"，发展方式较为粗放。"新国十条"提出要实现从保险大国到保险强国的转变，如果不发展创新，继续走老路，势必不能实现保险强国的梦想，也会导致保险业越走越艰难。保险业应实现从外延粗放型到内涵式增长的转变。坚持把推进创新作为转变保险业发展方式的中心环节，健全以保险企业为主体、以市场需求为导向、引进与自主创新相结合的保险创新机制。坚持以人为本的保险发展理念，把提高从业人员素质作为转变发展方式的重要抓手，突出人力资源在行业发展中的决定性作用，激发全行业的创新活力。坚持把加强公司内控制度建设作为转

---

① 江生忠，刘玉焕.寿险产业链延伸的方向与对策[J].保险职业学院学报（双月刊），2014（6）.

变发展方式的有效途径，严格控制经营成本，增强企业盈利能力。要倍加珍惜人民群众不断增强的保险意识和消费需求，通过诚信、优质和高附加值的保险服务，把潜在的保险需求转化为现实的消费，促进保险业健康持续发展，在实现自身发展方式转变的同时，支持国民经济发展方式的转变。

9.3.6　科技创新为保险业发展带来新的机遇

第十二届全国人民代表大会第三次会议开幕会上，李克强总理提出制订"互联网+"行动计划，在国务院常务会议上，李克强总理表示推进"互联网+"是中国经济转型的重大契机，"互联网+"战略被提至前所未有的高度。互联网已经成为各行业变革的催化剂，互联网和传统行业的结合塑造了新的生态环境。

"新国十条"明确提出支持保险公司积极运用网络、云计算、大数据、移动互联网等新技术促进保险业销售渠道和服务模式创新。互联网与金融业正加速融合，迸发出前所未有的商业机遇，互联网券商、金融 IT、征信、P2P 等投资热点不断涌现，随着政策红利不断释放，利率、费率改革提升保费收入，以及技术变革加速模式创新等推动，互联网保险将成为下一个大风口。作为一项新兴事物，互联网保险在我国发展的历史只有短短十几年时间，但在这十几年间，互联网正深刻影响着保险业的方方面面。

互联网保险优势明显，与传统保险相比，投保手续简单，降低了经营成本，提高了竞争力，通过便捷的网络提高了服务质量和客户满意度，打破了传统保险的市场壁垒。在渠道方面，随着互联网保险的发展，保险业进入扁平化和多渠道的时代，多年来，个险销售渠道以其成本较低、推广营销成功率高树立起来的保险主要销售渠道地位受到挑战，但互联网保险不应被单纯地认定为一类分销渠道，其更高价值是推动公司策略、渠道、服务和产品的一系列变革与创新，进而实现全渠道的共赢。在产品方面，通过新科技的应用，保险公司可以对消费者的保险需求、喜好、收入等进行分析，区分不同客户群体，以客户需求为导向设计不同保险产品，打破传统保险产品同质化竞争格局，形成多元化保险产品市场，推动保险业精细化发展。在服务方面，从投保、承保、理赔、查询和保全到客户服务全部能够实现电子化、网络化，在节约成本的同时，效率较过去有大幅度提高。

整体而言，我国互联网保险起步较晚、规模较小，与发达保险市场网络销售相比差距不小，但是增长势头强劲。2014 年，中国互联网保险的渗透率为 4.24%，中国用户认可互联网保险程度较高。通过近几年来互联网保险的发展，不管是互联网保险业的主体，还是发展规模和速度，都可以看出未来互联网保险有着巨大的发展空间。互联网保险开始向其他产业渗透，新的跨界的商业模式正在不断出现。同时，监管政策不断完善，互联网保险将有更大的施展空间，开放包容、跨界合作、共享共赢的移动互联网商业模式将逐渐形成并不断壮大。

第 10 章
适应国家治理体系的监管思路建议

我国的保险监管机构既担负着防范行业风险的职能，也承担着行业发展的职责，二者都非常重要，因此我们给出的监管思路建议也是基于两个层面。

10.1 把商业保险作为国家治理体系的重要内容进行统筹规划

保险行业是经济治理的重要内容，在国家治理中有着不可替代的作用，因此应为保险业在国家治理体系中留好恰当的治理位置和足够的治理空间，为保险业长远发展创造政策红利和机会。

"新国十条"的发布说明国家已经把保险业纳入经济社会工作整体布局中，目前多个省、市、县已经结合当地实际情况，发布了贯彻落实"新国十条"的政策。当前在国家治理领域形成的对保险业重视、支持的良好局面，是保险监管者、从业者积极推动和协调沟通的结果。保险业应在落实"新国十条"的各项工作中，扎实推进、完善保险业在国家治理各层面、各领域的规划和定位。

10.1.1 加快发展养老保障体系的第二、第三支柱

我国面临巨大的养老压力，目前养老保障体系的三个支柱发展不均衡，社会养老保险"一柱独大"的情况很不合理，给我国养老保障体系的长期、稳定发展带来了很大挑战，也不利于我国经济社会的繁荣和稳定，应加快养老保障体系中的第二和第三支柱发展。社会养老保险难以单独支撑养老保障体系，只有将第二支柱和第三支柱的实力做强，才能共同支撑、发展养老保障体系。发展企业年金和个人商业养老保险，是保险业肩负的重要使命。保险公司具有天然的优势，应利用优势、挖掘潜力，尽快将第二支柱、第三支柱做大做强。除加快发展第二和第三支柱外，社会养老保险也应得到进一步发展，使我国养老保障体系的支撑力量均衡分布。

商业保险进一步做大后，对我国的金融市场稳定和金融市场安全有重大意义。从 2015 年 7 月初的股灾来看，整个资本市场面临这么大的挑战，说明资本市场上的长期稳定资金不足。建议监管机构向国务院争取更加有利的政策，尽快把商业保险中周期超过十年的、甚至更长久期的资产做大。从国际资本市场的经验看，投资到一级股权和二级股权中的长久期资产，保险资产是可投资金融资产中占比最大的。如果金融三大板块以保险作为最大的基座，其次是银行，再次是证券，对国家金融稳定和金融安全具有不可估量的积极作用。现在证券业的股市市值加上基金市值是保险业的四五倍，超短期的高流动性的资产占比这么大，对我国整体的金融稳定和金融安全是不利的。

从资金的性质上讲，仅仅依赖银行的贷款来发展小微企业是不现实也是不可能的，因为银行贷款是需要抵押物的，小微企业往往难以提供足够的抵押物，所以很难获得发展需要的足够资金。小微企业只有 VC（风险投资）和 PE（私募服权投资）之类的机构才有意愿进行投资，这两类机构最重要的资金来源就是社保和长期的商业寿险，其中尤以社保为大。只有投资周期为十年以上的资金才更愿意投资这种创业型机构，对于那些投资周期只有几年期限的银行资金来说，根本

不足以支撑新创机构和小微企业生存与发展的周期。很大程度上讲，把保险资金做大做强后，非常有利于支持小微企业发展，有利于实施"大众创新、万众创业"战略。

10.1.2　逐步提高商业保险的地位作用

一般来说，如果对于某类风险保障公共财政包揽得过多，保险体系发挥作用的空间就小。比如，由于俄罗斯具有深厚的计划经济传统，政府为居民提供了较为全面的保障，这使得俄罗斯保险业发展滞缓。2013 年俄罗斯最大的保险公司"俄罗斯国家保险"保费收入仅为 30.5 亿美元，前十大保险公司合计保费收入仅为 157 亿美元。反之，如果公共财政覆盖得少，保险体系发挥作用的空间就大。美国政府在养老保障方面只提供最基本的保障，有学者测算，收入处于前 1/5 的高收入群体养老金替代率仅为 26%。在这种情况下，美国年金保险和养老基金等私人保障获得了极大的发展。在医疗保障方面，由于美国政府只对社会弱势群体（老年人、残障人士、儿童等）及特殊群体（军人、印第安人等）提供保险，因此商业健康保险业得到了巨大的发展，成为全社会医疗保障的主要提供者。2013 年，美国最大的健康保险公司"联合健康保险"保费收入达到 1096 亿美元。[①]

因此，国家治理的最高层应以政策的方式，不断调整社会保险和商业保险的定位和边界，逐步向商业保险机构开放社会保险的经办领域，为商业保险发挥支柱作用创造条件，为未来商业保险和社会保险开展竞争打下基础。国家只有逐步开放社会保险领域，让商业保险机构进入经营，并在社会保险经营领域中引入竞争机制，才可以激发社会保险机构的经营意识和危机意识，提高社保机构的效率，降低经办成本，同时这样也可以发展壮大商业保险。从内容上看，有的社会保障领域只适合国家经办，有的只适合商业保险机构经办，但社会保障领域的很多内容，商业保险和社会保险机构都可以经办。政府应在治

---

① 周立群. 保险业发展与国家治理现代化刍议[N]. 中国保险报，2014-10-24.

理中充分尊重和发挥市场机制的作用，利用商业保险机构的优势，通过政府采购的方式逐渐把社会保障的内容交由商业保险机构经办。对于适合展开竞争的内容，政府也可以同时保留社会保险机构，让商业保险机构与其充分竞争，在竞争中共同发展，共同进步。

10.1.3 为保险行业争取各种扶持政策

实践证明，保险业的发展离不开国家政策的支持，政策红利的释放是促进我国保险业快速发展的重要因素。保险的潜在需求向现实需求转化包括自然转化、引导转化和强制转化。通过"政策推动"型业务可以宣传风险管理和保险理念，带动其他保险服务发展。结合前文提到的简政放权，建议进一步加大与有关部门和地方政府的沟通、协作，通过政策引导、财税支持、制度设计、示范带动等，更加注重深入参与行业性风险管理，拓展保险服务空间，提升行业在经济社会中的渗透率和贡献度。比如争取养老保险、健康保险的税收优惠政策，争取将具有公共产品性质的保险转化为政策性保险和法定保险等。

以 2015 年 5 月份出台的健康险的税收优惠为例，虽然有业内人士说这次税优的力度不够，但这已经有了一个好的开始。保险业应该一步步来，把现在给予的税优政策用好、用实、用足，先把健康险税优的工作做起来。在健康险规模做起来后再去争取更大的税优政策，而且一旦规模做大，保险公司可以考虑把保险公司的运营系统嵌入医院，与医院的系统和数据实行对接。然后可以充分运用精算技术和保险公司大数据技术做支撑，去挖掘产品、控制费用以及与医院和医保的深入合作等方面的项目。

10.2 支持保险公司积极承接政府职能的转移

随着进一步简政放权和国家养老保障体系及卫生医疗体制的改革，政府公共职能的转移也必然面临深入的调整。监管机构应创造条件和环境，鼓励保险公司积极承接政府职能的转移。

10.2.1　保险业在承接政府职能转移的同时，做好与社保竞争的准备

社会保险与商业保险的职能交叉越来越多，相互之间的界限越来越模糊，保险业应抓住机遇，在做好现有工作的情况下，做好与社保竞争的准备。可以先进入政府投入成本高但效率低下的部分社保领域，采取委托经办的模式，成熟后可以由保险公司自主经办。如大病保险，自保险公司经办以来，充分发挥了保险公司机制灵活、经办效率高、成本低等特点。

10.2.2　保险公司可以在政府采购和政府经办领域成为社保机构的竞合者

随着保险公司的规模和实力越来越大，保险公司可以在某些领域，比如政府采购和政府经办领域，成为社保机构的市场竞争者，可以与社保机构公平竞争。除竞争外，保险公司还可以利用自身优势成为社保机构的长期合作者，成为优势互补的伙伴关系。

10.2.3　保险公司可以利用长期稳定的保险资金积极参与PPP项目

2015年6月生效实施的我国《基础设施和公用事业特许经营管理办法》（被称为"PPP基本法"）明确了在能源、交通、水利、环保、市政等基础设施和公用事业领域开展特许经营，境内外法人或其他组织均可通过公开竞争，并在一定期限和范围内参与投资、建设和运营基础设施和公用事业并获得收益。保险公司可以利用自身的资金优势，积极参与PPP项目。PPP项目的资金需求时间较长，与保险资金特别

是寿险资金的长期性相匹配，这也为保险资金找到了一个长期的、收益可期的投资出口。

10.2.4 建立商业保险机构承接政府职能转移作用的客观评价机制

商业保险机构在承担 PPP 项目和社保项目以及争取承担社会责任时不要操之过急，应在实践总结的基础上，先建立外部客观公正的评价机制。该机制可以客观评判保险参与 PPP 项目、社保项目方面在效率提升和成本节约方面的作用，要脱离现有的凭主观来判断商业保险作用的外部评价机制。

有了这种相对科学、合理的评价机制，在做大医疗行业和养老行业的过程中（特别是医疗行业），可以使保险行业有实力来跟医院讨价还价，可以和医院等医疗机构开展更深入的合作，比如把商业保险机构的系统接入医院的系统，利用保险公司的精算和大数据优势，来实现控制费用和成本的目的等。

10.3 鼓励发展多层次、多类别的行业组织

国家治理现代化应充分发挥社会组织的作用。俞可平在《经济全球化与治理的变迁》中指出，"治理是政治国家与公民社会的合作、政府与非政府的合作、公共机构与私人机构的合作、强制与自愿的合作。"在公共机构和私人机构之间，除了直接的互动、沟通和合作外，各类非政府组织和社团在其中起到了很大的桥梁作用，可以充分利用灵活的市场机制，提高治理的有效性。

如何平衡政府和市场一直是重大课题，可以培育各级各类的行业组织作为连接政府和市场的桥梁。在市场经济条件下，各类行业组织在自律、维权、服务、研究、培训、表达行业合理诉求、完善市场机制等方面发挥着积极作用，具有明显优势。通过发挥各类行业组织的

灵活性和作用，可以抑制政府干预市场的冲动，减少政府对微观市场的干预。

目前，我国保险行业的行业组织和社团组织数量不多，除中国保险行业协会和中国保险学会（以下简称"两会"）以及各地、各级的"两会"组织外，其他有影响力的行业组织尚不多见。从现有行业组织发挥的作用看，保险行业组织在自律维权、教育培训、纠纷调解等方面发挥了积极作用。但与我国保险业服务国家治理现代化的要求相比，保险行业组织发挥的作用还远远不够。对此，我们建议国家和保监会应在有序可控的原则下，鼓励设立多层次、多类别的行业组织，健全保险市场参与者，发挥治理的桥梁作用，成为政府和保险市场之间的"缓冲垫"和"传导器"。

具体来说，应重点培育下面所述的几种组织。

10.3.1　自律维权型组织

维权功能是完整的保险市场机制的一部分，从维权的推动者维度上看，维权分为国家、行业、自我和第三方维权等几个方面。保险市场上的权益保护分为两个向度，一是经营者权益保护，二是消费者权益保护。但由于经营者和消费者市场地位和信息的不对称，往往强调得更多是消费者权益保护。

保监会在 2011 年设立了保险消费者权益保护局，专门负责与保险消费者权益相关的政策研究和制定、协调处理保险消费者权益重大问题、查处损害保险消费者权益的行为等相关的工作。应该说，保险消费者权益保护局成立以来做了大量的卓有成效的工作，也取得了积极的成果，该局的成立非常必要也非常及时。但从治理的角度看，这是政府部门按照"管理"的思路在履行行政职能，只是从政府本职工作的角度来处理消费者权益保护的有关问题，并没有以"治理"的思维充分调动可利用的社会资源共同处理消费者权益保护问题，实际上是把保险消费者保护的主要工作和责任承揽在了保险监管部门。

我国各级"两会"组织在自律维权方面发挥了积极作用，但目前我国各级保险行业协会具有"半官方"的性质，不是基于市场发展和需求孕育出的"草根"保险社团组织。除积极发展、维护现有保险行业组织外，可以积极培育、鼓励民间力量设立自律维权型的行业组织，充分利用社会的力量和智慧。

有人担心民间的保险维权组织是保险市场上不和谐的力量，也曾经发生过民间保险维权"组织"以"维权"为名进行不法活动的案例。我们认为，对于民间的保险社团组织，采取"压"或"堵"的方法都不利于保险消费者权益的保护，也不符合市场机制和治理的要义，不如采取"疏"的办法，加以规范、引导。另外，设立保险社团组织要依照国家法律规定，履行一定的审批手续，核定社团的主要业务范围，同时也会要求有规范的章程和内部管理制度，因此不会成为保险市场上的破坏性力量，如果疏导有方，反而会发挥积极的、建设性作用。因此，与其让其野蛮生长，不如早日进行规范、疏导。

10.3.2 研究教育型行业组织

目前，国内有不少研究保险的专家学者，他们为保险业发展发挥了积极作用，但这些专家学者处于不同的行业和地域，力量相对比较分散，不利于发挥人才聚集的集群效应。建议保险行业组建专门的研究教育型社团组织，可以整合现有行业资源，也可以从国外或其他行业引进外脑，为行业发展贡献力量。该类型组织着重于推进以下两个方面，一是进行基础理论研究和前瞻性研究，关注国际最新实践和理论前沿动态，把该类型组织建设成为中国保险行业的国家智库和地方智库，为各级政府决策、监管决策和行业发展提供智力支持。二是专注于人员技能培训、资质认证培训、保险基础培训和相关服务，如美国 LOMA 组织，就是专以会员公司合作伙伴的身份，提供会员公司高质量的职员培训、调查研究、信息交流以及相关产品和服务的国际组织，在全球保险业拥有巨大的影响力。其实从另一个层面说，这也是国家软实力的一种表现，把一个行业标准建设成了国际标准，达到了向其他国家输出文化和标准的目的。

10.3.3　纠纷调解型组织

该类型组织专职负责保险纠纷的调处，以专业、独立的第三方身份彰显其存在的价值。发展该类型组织，有利于及时化解各类保险纠纷，提高消费者满意度，提升保险纠纷的处理效率，可以有效避免当事人采用仲裁或诉讼的方式处理纠纷，在很大程度上节约了司法资源和当事人的时间成本。

10.3.4　公众服务型组织

该类型组织应界定为公益性组织，面向公众提供与保险相关的服务，主要从事相关知识和理念的推广及培训、业务咨询、疑难案件的认定、服务标准的制定、药品及汽车零部件价格的核定等工作，如进行保险知识、保险投保理赔实务知识、养老健康知识、汽车养护知识、安全生产和风险防范知识、救灾防灾知识、灾害和危机事件自救知识等方面的普及和推广，通过讲座、社区宣传、专题活动等方式普及风险管理和保险，做到进社区、进学校、进工厂。

附录

国务院关于加快发展现代保险服务业的若干意见

国发〔2014〕29号

各省、自治区、直辖市人民政府，国务院各部委、各直属机构：

    保险是现代经济的重要产业和风险管理的基本手段，是社会文明水平、经济发达程度、社会治理能力的重要标志。改革开放以来，我国保险业快速发展，服务领域不断拓宽，为促进经济社会发展和保障人民群众生产生活做出了重要贡献。但总体上看，我国保险业仍处于发展的初级阶段，不能适应全面深化改革和经济社会发展的需要，与现代保险服务业的要求还有较大差距。加快发展现代保险服务业，对完善现代金融体系、带动扩大社会就业、促进经济提质增效升级、创新社会治理方式、保障社会稳定运行、提升社会安全感、提高人民群众生活质量具有重要意义。为深入贯彻党的十八大和十八届二中、三中全会精神，认真落实党中央和国务院决策部署，加快发展现代保险服务业，现提出以下意见。

    一、总体要求

    （一）指导思想。以邓小平理论、"三个代表"重要思想、科学发展观为指导，立足于服务国家治理体系和治理能力现代化，把发展现代保险服务业放在经济社会工作整体布局中统筹考虑，以满足社会日益增长的多元化保险服务需求为出发点，以完善保险经济补偿机制、强化风险管理核心功能和提高保险资金配置效率为方向，改革创新、扩大开放、健全市场、优化环境、完善政策，建设有市场竞争力、富有创造力和充满活力的现代保险服务业，使现代保险服务业成为完善金融体系的支柱力量、改善民生保障的有力支撑、创新社会管理的有效机制、促进经济提质增效升级的高效引擎和转变政府职能的重要抓手。

（二）基本原则。一是坚持市场主导、政策引导。对商业化运作的保险业务，营造公平竞争的市场环境，使市场在资源配置中起决定性作用；对具有社会公益性、关系国计民生的保险业务，创造低成本的政策环境，给予必要的扶持；对服务经济提质增效升级具有积极作用但目前基础薄弱的保险业务，更好发挥政府的引导作用。二是坚持改革创新、扩大开放。全面深化保险业体制机制改革，提升对内对外开放水平，引进先进经营管理理念和技术，释放和激发行业持续发展和创新活力。增强保险产品、服务、管理和技术创新能力，促进市场主体差异化竞争、个性化服务。三是坚持完善监管、防范风险。完善保险法制体系，加快推进保险监管现代化，维护保险消费者合法权益，规范市场秩序。处理好加快发展和防范风险的关系，守住不发生系统性区域性金融风险的底线。

（三）发展目标。到2020年，基本建成保障全面、功能完善、安全稳健、诚信规范，具有较强服务能力、创新能力和国际竞争力，与我国经济社会发展需求相适应的现代保险服务业，努力由保险大国向保险强国转变。保险成为政府、企业、居民风险管理和财富管理的基本手段，成为提高保障水平和保障质量的重要渠道，成为政府改进公共服务、加强社会管理的有效工具。保险深度（保费收入/国内生产总值）达到5%，保险密度（保费收入/总人口）达到3500元/人。保险的社会"稳定器"和经济"助推器"作用得到有效发挥。

二、构筑保险民生保障网，完善多层次社会保障体系

（四）把商业保险建成社会保障体系的重要支柱。商业保险要逐步成为个人和家庭商业保障计划的主要承担者、企业发起的养老健康保障计划的重要提供者、社会保险市场化运作的积极参与者。支持有条件的企业建立商业养老健康保障计划。支持保险机构大力拓展企业年金等业务。充分发挥商业保险对基本养老、医疗保险的补充作用。

（五）创新养老保险产品服务。为不同群体提供个性化、差异化的养老保障。推动个人储蓄性养老保险发展。开展住房反向抵押养老保险试点。发展独生子女家庭保障计划。探索对失独老人保障的新模式。发展养老机构综合责任保险。支持符合条件的保险机构投资养老服务产业，促进保险服务业与养老服务业融合发展。

（六）发展多样化健康保险服务。鼓励保险公司大力开发各类医疗、疾病保险和失能收入损失保险等商业健康保险产品，并与基本医疗保险相衔接。发展商业性长期护理保险。提供与商业健康保险产品相结合的疾病预防、健康维护、慢性病管理等健康管理服务。支持保险机构参与健康服务业产业链整合，探索运用股权投资、战略合作等方式，设立医疗机构和参与公立医院改制。

三、发挥保险风险管理功能，完善社会治理体系

（七）运用保险机制创新公共服务提供方式。政府通过向商业保险公司购买服务等方式，在公共服务领域充分运用市场化机制，积极探索推进具有资质的商业保险机构开展各类养老、医疗保险经办服务，提升社会管理效率。按照全面开展城乡居民大病保险的要求，做好受托承办工作，不断完善运作机制，提高保障水平。鼓励发展治安保险、社区综合保险等新兴业务。支持保险机构运用股权投资、战略合作等方式参与保安服务产业链整合。

（八）发挥责任保险化解矛盾纠纷的功能作用。强化政府引导、市场运作、立法保障的责任保险发展模式，把与公众利益关系密切的环境污染、食品安全、医疗责任、医疗意外、实习安全、校园安全等领域作为责任保险发展重点，探索开展强制责任保险试点。加快发展旅行社、产品质量以及各类职业责任保险、产品责任保险和公众责任保险，充分发挥责任保险在事前风险预防、事中风险控制、事后理赔服务等方面的功能作用，用经济杠杆和多样化的责任保险产品化解民事责任纠纷。

四、完善保险经济补偿机制，提高灾害救助参与度

（九）将保险纳入灾害事故防范救助体系。提升企业和居民利用商业保险等市场化手段应对灾害事故风险的意识和水平。积极发展企业财产保险、工程保险、机动车辆保险、家庭财产保险、意外伤害保险等，增强全社会抵御风险的能力。充分发挥保险费率杠杆的激励约束作用，强化事前风险防范，减少灾害事故发生，促进安全生产和突发事件应急管理。

（十）建立巨灾保险制度。围绕更好保障和改善民生，以制度建设为基础，以商业保险为平台，以多层次风险分担为保障，建立巨灾保险制度。研究建立巨灾保险基金、巨灾再保险等制度，逐步形成财政支持下的多层次巨灾风险分散机制。鼓励各地根据风险特点，探索对台风、地震、滑坡、泥石流、洪水、森林火灾等灾害的有效保障模式。制定巨灾保险法规。建立核保险巨灾责任准备金制度。建立巨灾风险管理数据库。

五、大力发展"三农"保险，创新支农惠农方式

（十一）积极发展农业保险。按照中央支持保大宗、保成本，地方支持保特色、保产量，有条件的保价格、保收入的原则，鼓励农民和各类新型农业经营主体自愿参保，扩大农业保险覆盖面，提高农业保险保障程度。开展农产品目标价格保险试点，探索天气指数保险等新兴产品和服务，丰富农业保险风险管理工具。落实农业保险大灾风险准备金制度。健全农业保险服务体系，鼓励开展多种形式的互助合作保险。健全保险经营机构与灾害预报部门、农业主管部门的合作机制。

（十二）拓展"三农"保险广度和深度。各地根据自身实际，支持保险机构提供保障适度、保费低廉、保单通俗的"三农"保险产品。积极发展农村小额信贷保险、农房保险、农机保险、农业基础设施保险、森林保险，以及农民养老健康保险、农村小额人身保险等普惠保险业务。

六、拓展保险服务功能，促进经济提质增效升级

（十三）充分发挥保险资金长期投资的独特优势。在保证安全性、收益性前提下，创新保险资金运用方式，提高保险资金配置效率。鼓励保险资金利用债权投资计划、股权投资计划等方式，支持重大基础设施、棚户区改造、城镇化建设等民生工程和国家重大工程。鼓励保险公司通过投资企业股权、债权、基金、资产支持计划等多种形式，在合理管控风险的前提下，为科技型企业、小微企业、战略性新兴产业等发展提供资金支持。研究制定保险资金投资创业投资基金相关政策。

（十四）促进保险市场与货币市场、资本市场协调发展。进一步发挥保险公司的机构投资者作用，为股票市场和债券市场长期稳定发展提供有力支持。鼓励设立不动产、基础设施、养老等专业保险资产管理机构，允许专业保险资产管理机构设立夹层基金、并购基金、不动产基金等私募基金。稳步推进保险公司设立基金管理公司试点。探索保险机构投资、发起资产证券化产品。探索发展债券信用保险。积极培育另类投资市场。

（十五）推动保险服务经济结构调整。建立完善科技保险体系，积极发展适应科技创新的保险产品和服务，推广国产首台首套装备的保险风险补偿机制，促进企业创新和科技成果产业化。加快发展小微企业信用保险和贷款保证保险，增强小微企业融资能力。积极发展个人消费贷款保证保险，释放居民消费潜力。发挥保险对咨询、法律、会计、评估、审计等产业的辐射作用，积极发展文化产业保险、物流保险，探索演艺、会展责任险等新兴保险业务，促进第三产业发展。

（十六）加大保险业支持企业"走出去"的力度。着力发挥出口信用保险促进外贸稳定增长和转型升级的作用。加大出口信用保险对自主品牌、自主知识产权、战略性新兴产业的支持力度，重点支持高科技、高附加值的机电产品和大型成套设备，简化审批程序。加快发展境外投资保险，以能源矿产、基础设施、高新技术和先进制造业、农业、林业等为重点支持领域，创新保险品种，扩大承保范围。稳步放开短期出口信用保险市场，进一步增加市场经营主体。积极发展航运保险。拓展保险资金境外投资范围。

七、推进保险业改革开放，全面提升行业发展水平

（十七）深化保险行业改革。继续深化保险公司改革，加快建立现代保险企业制度，完善保险公司治理结构。全面深化寿险费率市场化改革，稳步开展商业车险费率市场化改革。深入推进保险市场准入、退出机制改革。加快完善保险市场体系，支持设立区域性和专业性保险公司，发展信用保险专业机构。规范保险公司并购重组。支持符合条件的保险公司在境内外上市。

（十八）提升保险业对外开放水平。推动保险市场进一步对内对外开放，实现"引进来"和"走出去"更好结合，以开放促改革促发展。鼓励中资保险公司尝试多形式、多渠道"走出去"，为我国海外企业提供风险保障。支持中资保险公司通过国际资本市场筹集资金，多种渠道进入海外市场。努力扩大保险服务出口。引导外资保险公司将先进经验和技术植入中国市场。

（十九）鼓励保险产品服务创新。切实增强保险业自主创新能力，积极培育新的业务增长点。支持保险公司积极运用网络、云计算、大数据、移动互联网等新技术促进保险业销售渠道和服务模式创新。大力推进条款通俗化和服务标准化，鼓励保险公司提供个性化、定制化产品服务，减少同质低效竞争。推动保险公司转变发展方式，提高服务质量，努力降低经营成本，提供质优价廉、诚信规范的保险产品和服务。

（二十）加快发展再保险市场。增加再保险市场主体。发展区域性再保险中心。加大再保险产品和技术创新力度。加大再保险对农业、交通、能源、化工、水利、地铁、航空航天、核电及其他国家重点项目的大型风险、特殊风险的保险保障力度。增强再保险分散自然灾害风险的能力。强化再保险对我国海外企业的支持保障功能，提升我国在全球再保险市场的定价权、话语权。

（二十一）充分发挥保险中介市场作用。不断提升保险中介机构的专业技术能力，发挥中介机构在风险定价、防灾防损、风险顾问、损失评估、理赔服务等方面的积极作用，更好地为保险消费者提供增值服务。优化保险中介市场结构，规范市场秩序。稳步推进保险营销体制改革。

八、加强和改进保险监管，防范化解风险

（二十二）推进监管体系和监管能力现代化。坚持机构监管与功能监管相统一，宏观审慎监管与微观审慎监管相统一，加快建设以风

险为导向的保险监管制度。加强保险公司治理和内控监管，改进市场行为监管，加快建设第二代偿付能力监管制度。完善保险法规体系，提高监管法制化水平。积极推进监管信息化建设。充分发挥保险行业协会等自律组织的作用。充分利用保险监管派出机构资源，加强基层保险监管工作。

（二十三）加强保险消费者合法权益保护。推动完善保险消费者合法权益保护法律法规和规章制度。探索建立保险消费纠纷多元化解决机制，建立健全保险纠纷诉讼、仲裁与调解对接机制。加大保险监管力度，监督保险机构全面履行对保险消费者的各项义务，严肃查处各类损害保险消费者合法权益的行为。

（二十四）守住不发生系统性区域性金融风险的底线。加强保险业全面风险管理，建立健全风险监测预警机制，完善风险应急预案，优化风险处置流程和制度，提高风险处置能力。强化责任追究，增强市场约束，防止风险积累。加强金融监管协调，防范风险跨行业传递。完善保险监管与地方人民政府以及公安、司法、新闻宣传等部门的合作机制。健全保险保障基金管理制度和运行机制。

九、加强基础建设，优化保险业发展环境

（二十五）全面推进保险业信用体系建设。加强保险信用信息基础设施建设，扩大信用记录覆盖面，构建信用信息共享机制。引导保险机构采取差别化保险费率等手段，对守信者予以激励，对失信者进行约束。完善保险从业人员信用档案制度、保险机构信用评价体系和失信惩戒机制。

（二十六）加强保险业基础设施建设。加快建立保险业各类风险数据库，修订行业经验生命表、疾病发生率表等。组建全行业的资产托管中心、保险资产交易平台、再保险交易所、防灾防损中心等基础平台，加快中国保险信息技术管理有限责任公司发展，为提升保险业风险管理水平、促进行业转型升级提供支持。

（二十七）提升全社会保险意识。发挥新闻媒体的正面宣传和引导作用，鼓励广播电视、平面媒体及互联网等开办专门的保险频道或节目栏目，在全社会形成学保险、懂保险、用保险的氛围。加强中小学、职业院校学生保险意识教育。

十、完善现代保险服务业发展的支持政策

（二十八）建立保险监管协调机制。加强保险监管跨部门沟通协调和配合，促进商业保险与社会保障有效衔接、保险服务与社会治理相互融合、商业机制与政府管理密切结合。建立信息共享机制，逐步实现数据共享，提升有关部门的风险甄别水平和风险管理能力。建立保险数据库公安、司法、审计查询机制。

（二十九）鼓励政府通过多种方式购买保险服务。鼓励各地结合实际，积极探索运用保险的风险管理功能及保险机构的网络、专业技术等优势，通过运用市场化机制，降低公共服务运行成本。对于商业保险机构运营效率更高的公共服务，政府可以委托保险机构经办，也可以直接购买保险产品和服务；对于具有较强公益性，但市场化运作无法实现盈亏平衡的保险服务，可以由政府给予一定支持。

（三十）研究完善加快现代保险服务业发展的税收政策。完善健康保险有关税收政策。适时开展个人税收递延型商业养老保险试点。落实和完善企业为职工支付的补充养老保险费和补充医疗保险费有关企业所得税政策。落实农业保险税收优惠政策。结合完善企业研发费用所得税加计扣除政策，统筹研究科技研发保险费用支出税前扣除政策问题。

（三十一）加强养老产业和健康服务业用地保障。各级人民政府要在土地利用总体规划中统筹考虑养老产业、健康服务业发展需要，扩大养老服务设施、健康服务业用地供给，优先保障供应。加强对养老、健康服务设施用地监管，严禁改变土地用途。鼓励符合条件的保险机构等投资兴办养老产业和健康服务业机构。

（三十二）完善对农业保险的财政补贴政策。加大农业保险支持力度，提高中央、省级财政对主要粮食作物的保费补贴，减少或取消产粮大县三大粮食作物保险县级财政保费补贴。建立财政支持的农业保险大灾风险分散机制。

　　各地区、各部门要充分认识加快现代保险服务业发展的重要意义，把发展现代保险服务业作为促进经济转型、转变政府职能、带动扩大就业、完善社会治理、保障改善民生的重要抓手，加强沟通协调，形成工作合力。有关部门要根据本意见要求，按照职责分工抓紧制定相关配套措施，确保各项政策落实到位。省级人民政府要结合实际制定具体方案，促进本地区现代保险服务业有序健康发展。

国务院

2014 年 8 月 10 日

国务院办公厅关于加快发展商业健康保险的若干意见

国办发〔2014〕50 号

各省、自治区、直辖市人民政府，国务院各部委、各直属机构：

为贯彻落实《中共中央 国务院关于深化医药卫生体制改革的意见》《国务院关于促进健康服务业发展的若干意见》（国发〔2013〕40 号）《国务院关于加快发展现代保险服务业的若干意见》（国发〔2014〕29 号）等有关文件要求，加快发展商业健康保险，经国务院同意，现提出以下意见：

一、充分认识加快发展商业健康保险的重要意义

商业健康保险是由商业保险机构对因健康原因和医疗行为导致的损失给付保险金的保险，主要包括医疗保险、疾病保险、失能收入损失保险、护理保险以及相关的医疗意外保险、医疗责任保险等。

加快发展商业健康保险，有利于与基本医疗保险衔接互补、形成合力，夯实多层次医疗保障体系，满足人民群众多样化的健康保障需求；有利于促进健康服务业发展，增加医疗卫生服务资源供给，推动健全医疗卫生服务体系；有利于处理好政府和市场的关系，提升医疗保障服务效率和质量；有利于创新医疗卫生治理体制，提升医疗卫生治理能力现代化水平；有利于稳增长、促改革、调结构、惠民生。

二、加快发展商业健康保险的总体要求

（一）指导思想和目标

加快发展商业健康保险要以邓小平理论、"三个代表"重要思想、科学发展观为指导，深入贯彻党的十八大和十八届三中全会精神，认真落实党中央、国务院决策部署，充分发挥市场机制作用和商业健康保险专业优势，扩大健康保险产品供给，丰富健康保险服务，使商业健康保险在深化医药卫生体制改革、发展健康服务业、促进经济提质增效升级中发挥"生力军"作用。

到 2020 年，基本建立市场体系完备、产品形态丰富、经营诚信规范的现代商业健康保险服务业。实现商业健康保险运行机制较为完善、服务能力明显提升、服务领域更加广泛、投保人数大幅增加，商业健康保险赔付支出占卫生总费用的比重显著提高。

（二）基本原则

坚持以人为本，丰富健康保障。把提升人民群众健康素质和保障水平作为发展商业健康保险的根本出发点、落脚点，充分发挥商业健康保险在满足多样化健康保障和服务方面的功能，建设符合国情、结构合理、高效运行的多层次医疗保障体系。

坚持政府引导，发挥市场作用。强化政府的制度建设、政策规划和市场监管等职责，通过财税、产业等政策引导，发挥市场在资源配置中的决定性作用，鼓励商业保险机构不断增加健康保障供给，提高服务质量和效率。

坚持改革创新，突出专业服务。深化商业健康保险体制机制改革，运用现代科技，创新管理服务，拓宽服务领域，延长服务链条，推进健康保险同医疗服务、健康管理与促进等相关产业融合发展。

三、扩大商业健康保险供给

（一）丰富商业健康保险产品。大力发展与基本医疗保险有机衔接的商业健康保险。鼓励企业和个人通过参加商业保险及多种形式的补充保险解决基本医保之外的需求。鼓励商业保险机构积极开发与健康管理服务相关的健康保险产品，加强健康风险评估和干预，提供疾病预防、健康体检、健康咨询、健康维护、慢性病管理、养生保健等服务，降低健康风险，减少疾病损失。支持商业保险机构针对不同的市场设计不同的健康保险产品。根据多元化医疗服务需求，探索开发针对特需医疗、药品、医疗器械和检查检验服务的健康保险产品。开发药品不良反应保险。发展失能收入损失保险，补偿在职人员因疾病或意外伤害导致的收入损失。适应人口老龄化、家庭结构变化、慢性病治疗等需求，大力开展长期护理保险制度试点，加快发展多种形式的长期商业护理保险。开发中医药养生保健、治未病保险产品，满足社会对中医药服务多元化、多层次的需求。积极开发满足老年人保障需求的健康养老产品，实现医疗、护理、康复、养老等保障与服务的有机结合。鼓励开设残疾人康复、托养、照料和心智障碍者家庭财产信托等商业保险。

（二）提高医疗执业保险覆盖面。加快发展医疗责任保险、医疗意外保险，探索发展多种形式的医疗执业保险，分担医疗执业风险，促进化解医疗纠纷，保障医患双方合法权益，推动建立平等和谐医患关系。支持医疗机构和医师个人购买医疗执业保险，医师个人购买的医疗执业保险适用于任一执业地点。鼓励通过商业保险等方式提高医务人员的医疗、养老保障水平以及解决医疗职业伤害保障和损害赔偿问题。

（三）支持健康产业科技创新。促进医药、医疗器械、医疗技术的创新发展，在商业健康保险的费用支付比例等方面给予倾斜支持，加快形成战略性新兴产业。探索建立医药高新技术和创新型健康服务企业的风险分散和保险保障机制，帮助企业解决融资难题，化解投融资和技术创新风险。

四、推动完善医疗保障服务体系

（一）全面推进并规范商业保险机构承办城乡居民大病保险。认真总结试点经验，从城镇居民医保基金、新农合基金中划出一定比例或额度作为大病保险资金，在全国推行城乡居民大病保险制度。遵循收支平衡、保本微利的原则，全面推进商业保险机构受托承办城乡居民大病保险，发挥市场机制作用，提高大病保险的运行效率、服务水平和质量。规范商业保险机构承办服务，规范招投标流程和保险合同，明确结余率和盈利率控制标准，与基本医保和医疗救助相衔接，提供"一站式"服务。逐步提高城乡居民大病保险统筹层次，建立健全独立核算、医疗费用控制等管理办法，增强抗风险能力。

（二）稳步推进商业保险机构参与各类医疗保险经办服务。加大政府购买服务力度，按照管办分开、政事分开要求，引入竞争机制，通过招标等方式，鼓励有资质的商业保险机构参与各类医疗保险经办服务，降低运行成本，提升管理效率和服务质量。规范经办服务协议，建立激励和约束相结合的评价机制。要综合考虑基金规模、参保人数、服务内容等因素，科学确定商业保险机构经办基本医保费用标准，并建立与人力成本、物价涨跌等因素相挂钩的动态调整机制。

（三）完善商业保险机构和医疗卫生机构合作机制。鼓励各类医疗机构与商业保险机构合作，成为商业保险机构定点医疗机构。利用商业健康保险公司的专业知识，发挥其第三方购买者的作用，帮助缓解医患信息不对称和医患矛盾问题。发挥商业健康保险费率调节机制对医疗费用和风险管控的正向激励作用，有效降低不合理的医疗费用支出。在开展城乡居民大病保险和各类医疗保险经办服务的地区，强化商业保险机构对定点医疗机构医疗费用的监督控制和评价，增强医保基金使用的科学性和合理性。

五、提升管理和服务水平

（一）加强管理制度建设。完善健康保险单独核算、精算、风险管理、核保、理赔和数据管理等制度。商业保险机构要建立独立的收入账户和赔付支出账户，加强独立核算，确保资金安全。加强行业服务评价体系建设，规范健康保险服务标准，尽快建立以保障水平和参保群众满意度为核心的考核评价制度，建立健全商业保险机构诚信记录制度，加强信用体系建设。

（二）切实提升专业服务能力。商业保险机构要加强健康保险管理和专业技术人才队伍建设，强化从业人员职业教育，持续提升专业能力。根据经办基本医疗保险和承办城乡居民大病保险的管理和服务要求，按照长期健康保险的经营标准，完善组织架构，健全规章制度，加强人员配备，提升专业经营和服务水平。

（三）努力提供优质服务。商业保险机构要精心做好参保群众就诊信息和医药费用审核、报销、结算、支付等工作，提供即时结算服务，简化理赔手续，确保参保群众及时、方便享受医疗保障待遇。发挥统一法人管理和机构网络优势，开展异地转诊、就医结算服务。通过电话、网络等多种方式，提供全方位的咨询、查询和投诉服务。运用现代技术手段，发挥远程医疗和健康服务平台优势，共享优质医疗资源，不断创新和丰富健康服务方式。

（四）提升信息化建设水平。鼓励商业保险机构参与人口健康数据应用业务平台建设。支持商业健康保险信息系统与基本医疗保险信息系统、医疗机构信息系统进行必要的信息共享。政府相关部门和商业保险机构要切实加强参保人员个人信息安全保障，防止信息外泄和滥用。支持商业保险机构开发功能完整、安全高效、相对独立的全国性或区域性健康保险信息系统，运用大数据、互联网等现代信息技术，提高人口健康数据分析应用能力和业务智能处理水平。

（五）加强监督管理。完善多部门监管合作机制，按照职责分工加强对商业保险机构的监督检查，依法及时处理处罚有关违法违规行为，确保有序竞争。保险监管机构要不断健全商业健康保险经营管理法规制度，完善专业监管体系。加大商业健康保险监督检查力度，强化销售、承保、理赔和服务等环节的监管，严肃查处销售误导、非理性竞争等行为，规范商业健康保险市场秩序。完善城乡居民大病保险和各类医疗保障经办业务市场准入退出、招投标、理赔服务等制度。商业保险机构要主动接受和配合政府有关职能部门的监督。加大对泄露参保人员隐私、基金数据等违法违规行为的处罚力度，情节严重的取消经办资格，在全国范围内通报。涉嫌构成犯罪、依法需要追究刑事责任的，移送司法机关查处。

六、完善发展商业健康保险的支持政策

（一）加强组织领导和部门协同。各地区、各有关部门要提高认识，统筹谋划，将加快发展商业健康保险纳入深化医药卫生体制改革和促进健康服务业发展的总体部署，在国务院和地方各级深化医药卫生体制改革领导小组的统筹协调下，加强沟通和配合，完善政策，创新机制，协调解决商业健康保险发展中的重大问题。有关部门要根据本意见要求，及时制定配套措施。各省（区、市）人民政府要结合实际制定具体实施意见，促进本地区商业健康保险服务业持续健康发展。

（二）引导投资健康服务产业。发挥商业健康保险资金长期投资优势，鼓励商业保险机构遵循依法、稳健、安全原则，以出资新建等方式新办医疗、社区养老、健康体检等服务机构，承接商业保险有关服务。各地区要统筹健康服务业发展需要，加强对具有社会公益性的商业健康保险用地保障工作。

（三）完善财政税收等支持政策。借鉴国外经验并结合我国国情，完善健康保险有关税收政策。研究完善城乡居民大病保险业务保险保障基金政策。落实和完善企业为职工支付的补充医疗保险费有关企业所得税政策。坚持市场配置资源，鼓励健康服务产业资本、外资健康保险公司等社会资本投资设立专业健康保险公司，支持各种类型的专业健康保险机构发展。

（四）营造良好社会氛围。大力普及商业健康保险知识，增强人民群众的健康保险意识。以商业健康保险满足人民群众非基本医疗卫生服务需求为重点，加大宣传力度，积极推广成功经验。完善商业健康保险信息公开渠道和机制，建立社会多方参与的监督制度，自觉接受社会监督。加强行业自律，倡导公平竞争与合作，共同营造发展商业健康保险的良好氛围。

国务院办公厅

2014 年 10 月 27 日

参考文献

[1] 习近平. 切实把思想统一到党的十八届三中全会精神上来[J]. 求是，2014（1）.

[2] 项俊波. 国务院关于加快发展现代保险服务业的若干意见[M]. 北京：中国金融出版社，2015.

[3] 詹姆斯·罗西姆. 没有政府的治理[M]. 江西：江西人民出版社，2001.

[4] 俞可平. 治理和善治[M]. 北京：社会科学文献出版社，2000.

[5] 唐皇凤. 中国特色现代国家治理体系的建构[N]. 中国社会科学报，2013-12-6.

[6] 王卓君，孟祥瑞. 全球视野下的国家治理体系：理论、进程及中国未来走向[J]. 南京社会科学，2014（11）.

[7] 丁志刚. 全面深化改革与现代国家治理体系[J]. 江汉论坛，2014（1）.

[8] 方涛. 国家治理体系和治理能力现代化：内涵、依据、路径[J]. 观察与思考，2015（1）.

[9] 王绪瑾，财产保险[M]. 北京：北京大学出版社，2012：18—20.

[10] 孙蓉，兰虹. 保险学原理（第三版）[M]. 成都：西南财经大学出版社，2010.

[11] 郭金龙. 保险业发展对健全金融体系的意义[N]. 中国社会科学院院报，2007-8-2.

[12] 杨霞. 保险业在国家金融稳定中的作用——后危机时代的思考[J]. 保险研究，2010（2）.

[13] 李廷. 养老金参与公司治理大有可为[J]. 上海国资，2014（20）：95—96.

[14] 张艳妍，吴韧强. 美国保险资金运用的分析及借鉴[J]. 金融与经济，2008（10）.

[15] 张佳睿. 保险业在与资本市场融合中发展的研究[D]. 吉林：吉林大学，2006.

[16] 孙祁祥，郑伟. 中国保险业发展报告[R]. 北京：北京大学出版社，2014.

[17] 许海清. 国家治理体系和治理能力现代化[M]. 北京：中共中央党校出版社，2013.

[18] 项俊波. 中国保险业公司治理与监管报告[M]. 北京：中国金融出版社，2015.

[19] 中保协. 关于转发《项俊波主席在全国保险监管工作会议上的讲话》的通知[R]. 中保协发〔2015〕78 号.

[20] 佚名. 现代金融保险监管与消费者权益保护[J]. 保险监管参考第 42 期（总第 789 期）.

[21] 佚名. 台湾保险监管与公司治理等情况及启示[J]. 保险监管参考第 43 期（总第 790 期）.

[22] 梁薇薇. 2020 年你会为自己多掏两倍保费吗[N]. 新京报，2014-8-14.

[23] 佚名. 2014 中国保险十大新闻[N]. 金融时报，2015-1-7.

[24] 王祖继. 新国十条开启保险业发展新纪元[J]. 中国金融，2014（17）.

[25] 佚名. 民资与国企混搭逐渐成为地方保险公司发展趋势[N]. 金融世界，2012-5-7.

[26] 康慧珍. 保险业"新国十条"将促使我国由保险大国转变为保险强国[N]. 中国经济时报，2014-9-3.

[27] 江帆. 服务国家治理体系保险业可大有作为[N]. 中国经济时报，2014-6-14.

[28] 佚名. 我国保险业改革发展的现状与趋势[N]. 湖南日报，2011-2-21.

[29] 欧盟. 欧盟治理白皮书[R]. 欧盟发〔2001〕COM428 号.